リクルート式「楽しい事業」のつくり方

Hot Pepper ミラクル・ストーリー

平尾勇司

東洋経済新報社

『ホットペッパー』は雇用という保証のない業務委託のメディア・スタッフと
3年という限られた時間軸で働く契約社員（CV職）によって、
わずか4年で売上げ300億、
営業利益100億の事業になった。
それは、非正規社員でありながら、
自分たちの情熱を
事業の成功に賭けた人たちの存在によって
実現できたオバケ事業である。
そこでのマネジメントの役割は、
「しんどいけど楽しい、苦しいけどおもしろい、涙が出るほどうれしい」
という仕事とチームを創ることであった。
そして、
「自分で考え、決め、動く人間」を育てることであった。

はじめに――いまだ見ぬものを見に行く冒険

木村義夫（元リクルート専務取締役）は言った。

「お前にホットペッパー事業を任せたい」

昇進競争からすでに落ちこぼれていた僕になぜこの事業を任せるのか？　質問した。「なぜ、僕なのですか？」

「お前には直感的に儲かる商売をつくる力がある」

「もうひとつ、それを組織に浸透させて動かす力がある」

「3つ目、お前にもう失うものはない」

なるほど。これだけ俺のことをわかっていてくれる人がいるなら、出世できなくてもいいと思った。

そして、「2年間だけやろう。この事業を2年間で軌道に乗せてやろう！　2年経っても軌道に乗らない新規事業なんて失敗だ。どうせ辞めようとした自分だ。だめなら責任をとって辞めればいいだけだ」と思った。

「ただ、ただ、この事業を成功させたい」と思った。

でも、勝算があると直感した。


この事業の成功を自分の手柄だなんて思っていません。

誰がこの事業を創り上げてきたか、僕は知っているからです。

この事業を創ってきた人たちが、何を信じ、何を想い描いて、どのように行動してきたのかを、僕は知っています。

ただ、ただ、その事実を形にして残したいのです。

『ホットペッパー』はリクルートが創った事業ではありません。

『ホットペッパー』は正社員ではない８００名の業務委託、３年の契約社員、アルバイトの人たちによってこの世に生み出された事業です。創刊時から――。

そして、その大半の人たちが、その役目を終えて、もうその事業から去っています。

それは、記憶に残る出来事であり、記憶に残るチームでした。

その人たちに「あなたが創った事業です」というメッセージとともに、
そんな組織がどのように創られていったのか記録に残したいと思います。


この本は単なる『ホットペッパー』の物語ではありません。

『ホットペッパー』を事例にしながら、

事業とは何か？

強い組織とは何か？

よいチームとは何か？

すぐれたリーダーとは何か？

そんな問いかけを繰り返すビジネスマンのために、答えを導き出す実践ビジネス読本です。戦略やマネジメント、組織論やリーダーシップ理論を紹介したり、その考え方を説明するものでもありません。

大上段にかまえて、事業成功のノウハウをまとめて教授するものでもありません。

ホットペッパーの事業を立ち上げ、成長するなかで生まれた工夫やアイデアを整理し、その背景にあったものを明らかにしたものです。事実のなかから編み出された「こうすれば成長する事業、強い組織、いいチームができる」という具体策です。それは成功した事業の事実です。

この本を手にとる人たちがここから何を受け取るかは自由です。

「今の状況から脱出したい」

「今の職場や仕事に問題意識がある。何が問題なのかを発見したい」

「心から没頭して夢中になって仕事をしたい」

「仲間と一緒にチカラを合わせて、ひとつの目標を追いかけて実現したい」

「心を震わせて熱く泣けるくらい全力を尽くして仕事をしてみたい」

「チームで戦う楽しさ、喜びを知りたい」

「人と人とのかかわりのなかで人間として成長する自分を発見したい」

「チームリーダーとしてメンバーを幸せにする役割を果たしたい」

「事業の責任者として、強い組織や成功する事業をつくりたい」

「経営リーダーとして、社員の主体性を生かす会社に変革したい」

そんな「したい」「なりたい」と思い描く人なら、
この物語から、ヒントを見つけ、なりたい自分を発見するでしょう。

7年前に『ホットペッパー』に集まった人たちは、
その出会いのなかでミラクルな経験をすることができました。

一生の記憶に残る仕事でした。それは、いまだ見ぬものを見に行く冒険でした。

こんな世界を必ず創ると信じて、いまだ見たこともない自分を発見しました。

あなたもまた、なりたい自分を発見し、あなたがあなた自身のリーダーになれば、
まだ見たこともない自分を発見するでしょう。

目次

はじめに
——いまだ見ぬものを見に行く冒険　4

第1章
『ホットペッパー』の本当のすごさ　14

忽然とそれは現れた　16
単品ど迫力で日本を席巻　18
飲食情報誌にあらず　21
見えなかったのではない、見なかったのだ　23
原点は梅モデル　24
社員でない集団がつくったオバケ事業　27
人と人との関わりをつくる　28
「組織づくり」の技

第2章
『ホットペッパー』とはいったい何なのか？　32

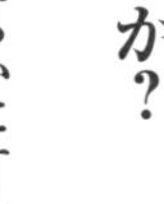

秘密をはじめて明らかにする　34
逆行して生まれた　36
生活圏の日常生活コンテンツ・ポータル　37
人を動かすスイッチ　40
日本にクーポン文化を醸成する　42
クオリティの競争の世の中をつくる　44
大好きな街を救いたい　45
見れば見るほどに非常識な雑誌　47
クリエイティブの大量生産　49
真似できない強み
雑誌の分散型チェーンビジネス　51

第3章 失敗が教えてくれた11の警告 54

scene 1 「できない理由」を上手に説明している 56

戦略とは捨てることだ 58
目標はある、目的がない 60
事業は物語だ、勝つシナリオをつくれ 62
じつは、実行していない 64

scene 2 大阪と札幌はどこが違うのか？ 66

そのシナリオは、本当に伝わっているのか？ 68
仕組み化ができていない 69
勝負していない 71

scene 3 組織図にはすべてが表れる 74

階層組織は顧客のためではない 76
働くモチベーション設計ができていない 78
必要な人材が「集まる」組織をつくる 79
「必ず勝つ」風土がない 81

第4章 事業立ち上げの仕組みづくり 82

scene 4 〝札幌のカレーは大阪のカレーの3倍も高いのか？〟 84

すべての問題は内にある 86
視点を共有する
事業を数字で表現し、「なぜ?」を繰り返す 87

家業ではない、事業である 90
広大な海を見に行こう 91

scene 5 剣道には小手・面・胴しかない 94

一本背負いで勝ちにいく 96
構想力 見えないものを見に行くチカラ 98
時間軸に置き直す 100

scene 6 森を見て、木を見て、枝を知る 102

科学的ながら、情に満ちた戦略 104
営業を科学する 106
念仏を決める 108

scene 7 戦略じゃない、物語を聞きたい 110

なぜ負けたかを物語として説明する 112
「〜すべき」が「〜したい」に変わる瞬間 114

scene 8 それは俺のことか? 116

誰がバカなのかがわかる組織をつくる 118
チームを最小組織単位とする 120
血流をよくする 121

scene 9 お前はメンバーを全員殺す気か 124

数字から逃げない組織をつくる 126
ヨミと意志で業績オペレーションする 128

scene 10 制度に合わせて事業をやるのか? 130

採用システムが命綱だ 132

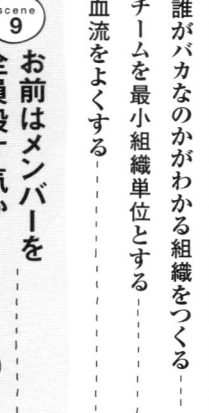

採るべき人だけ採る 133

第5章 急成長のキッカケとそのしかけ 136

scene 11 版元長飛び込み大会 138

道場でリーダーを育てる 140

命名する。そしてみんなで学習する 141

scene 12 この大宮版を廃止する 144

小さな経営意思決定会議ビジョンプレ 146

チームで金メダルをとりにいく 148

scene 13 インデックスなんかいらない 150

コンセプチュアルな言葉 152

20件訪問件数マネジメント 154

岡田奈奈恵を見つける 155

scene 14 断じて、サマフェスを実施する 158

「どや、おもろいやろ」 160

心と体の流れをつくる 162

コミュニティが建設的なコミュニケーションを生む 163

scene 15 ぶち込んで使わせろ 166

クーポンマガジンと命名する 168

売上げ拡大に直結する一気通貫ブランディング 169

第6章 顧客接点づくりの仕組み化 172

scene 16 「このまま、路地裏のちっぽけなお店のままでいいよ」 174

「プチコン」顧客の喜びを自分の喜びとする仕組み 176
上質のコミュニケーションが生まれる 177

scene 17 次のメニューは何にしたらいいの？ 180

素人がプロになる 182
「プチコンコン」組織の形式知にする 183
プチコンは顧客と一緒につくる物語 185

scene 18 吉田采都子の「何屋プチコン」 186

可愛いコミュニケーションを実現する 188
プチコンが競争優位性の源泉となる 189
人を育てるプチコン 190

第7章 セオリーに反する営業の仕組みづくり 192

scene 19 一人屋台方式 194

営業を複雑にする 196
おもしろさが営業マンの生産性を上げる 197

scene 20 バードビュー 200

トップ営業マンだけに聞くな！ 202
3つの型を創る
ニーズは多様化していない 203

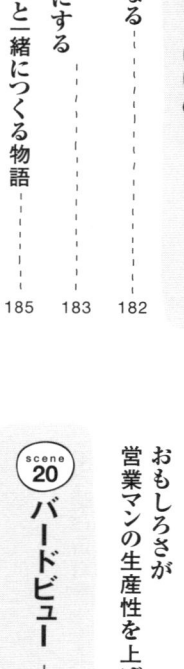

scene 21 七福神お届け営業 206
訪問の必然性 208
営業を計画する力 209
ロジックジャンプを信じる 211

scene 22 5分間ロープレ 212
単純化するのではなく、シンプル化する 214
一気にいっせいにやる 215

第8章 マネジメント・リーダーの育成 218

scene 23 組織の風景 220

リーダーとは物語を語る人 222
コンセプター・デザイナー・プランナー・マネジャー・プレーヤー 223

scene 24 女に嫌われる男の5つの条件 226
仕事を定義する 228
リーダーに必要な技術 229
決めるチカラ 231

おわりに——申し訳なく、残念です 234

装幀 渡邊民人（TYPEFACE）
本文デザイン 高野裕子（TYPEFACE）
イラスト 菅 尚美

第1章

『ホットペッパー』の本当のすごさ

「スパゲティ食べたでしょ」

「食べてないよ」

「ケチャップついてるよ」
・・・
「食べました」

「私のクーポン使って？」

「使ったような気がします」

「クーポンマガジンの『ホットペッパー』」
このコマーシャルが全国で流れて、
『ホットペッパー』は
誰もが知るメジャーなメディアとなった。
その知名度は高い。
しかし、その事業がどれぐらいの売上げ規模で、
どのような収益構造なのか？
その事業としてのすごさは誰も知らない。

忽然とそれは現れた

『ホットペッパー』が企画検討されたのは２０００年である。そして、その翌年、２００１年から事業成功のシナリオもないままにはじまった。「とりあえず出してみよう！」というスタートであった。成功するかどうかはやりながら考えるという、じつにリクルートらしい「いい加減さ」で事業はスタートを切った。

リクルートは当時１兆５０００億の借金を抱え、毎年１０００億近い返済をしていた最中で、それだけに、いい加減なスタートの割には「小さな投資で大きなリターンを早く！　早く！」というむちゃくちゃな命題も与えられていた。経営陣からはおもしろがられ期待はされていたが、あてにはされていなかった。

「おもしろそうだけどホントにマーケットはあるの？　うまくいくのかな？　ま、赤字が大きくなるのだけはやめてね」

こんな感じだろう。なぜなら、誰もまだ成功すると信じていなかったから……というよりも、どうやれば成功するのか誰もわかっていなかったからである。

例外がいた。木村義夫（当時専務取締役）である。彼だけがその成功を信じていた。

もし、木村義夫が重役という役職にいなければ、とっくの昔につぶされていたはずだ。それだけは間違いない。

売上げと展開版数の推移

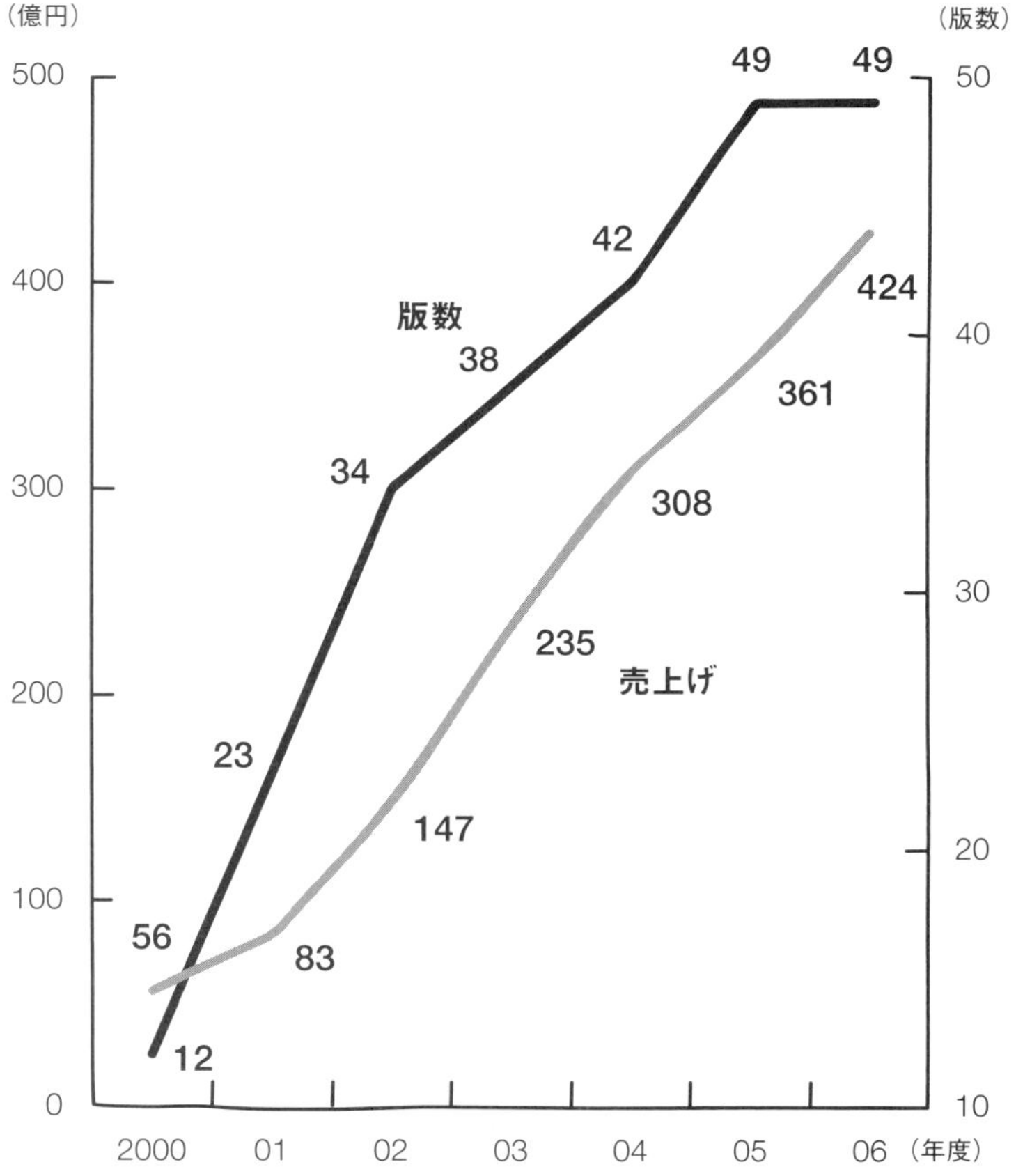

単品ど迫力で日本を席巻

それから4年、『ホットペッパー』は売上げ３００億、営業利益１００億円というまさにオバケ事業に成長する。創刊から7年の現在、５００億の規模となり、瞬く間にリクルートの基幹事業に成長した。

人材系ビジネス企業リクルートのイメージとはまったく違う新しいコンテンツ・ドメインを切り開き、ネット時代でよくいわれるコンテンツ・ポータルへの切符を手に入れた。イベント型コンテンツから日常型コンテンツへの展開が、まさに『ホットペッパー』によって開かれた。その意味ははかりしれないほどに大きかった。リクルートのフラッグシップ事業となったばかりではない、新しい事業を生み出す不思議なチカラを持ったリクルートを世の中に印象付けることにもなった。

いったいどうやってこの事業が生まれてきたのか？　そんな美味しいマーケットを嗅ぎ分け、見出したのか？　成功の鍵は何だったのか？　今から明らかにしていきたい。

『ホットペッパー』は全国の主要な県庁所在地にあたる都市のほとんどに展開している。その数は50版である。昨今では、中国やフランスなどの国際的な地域版展開まで行っている。

ワンブランドでこれほど多くのエリアに進出し、多くの部数を流通させ、破格の売上げ

『ホットペッパー』の展開地域図

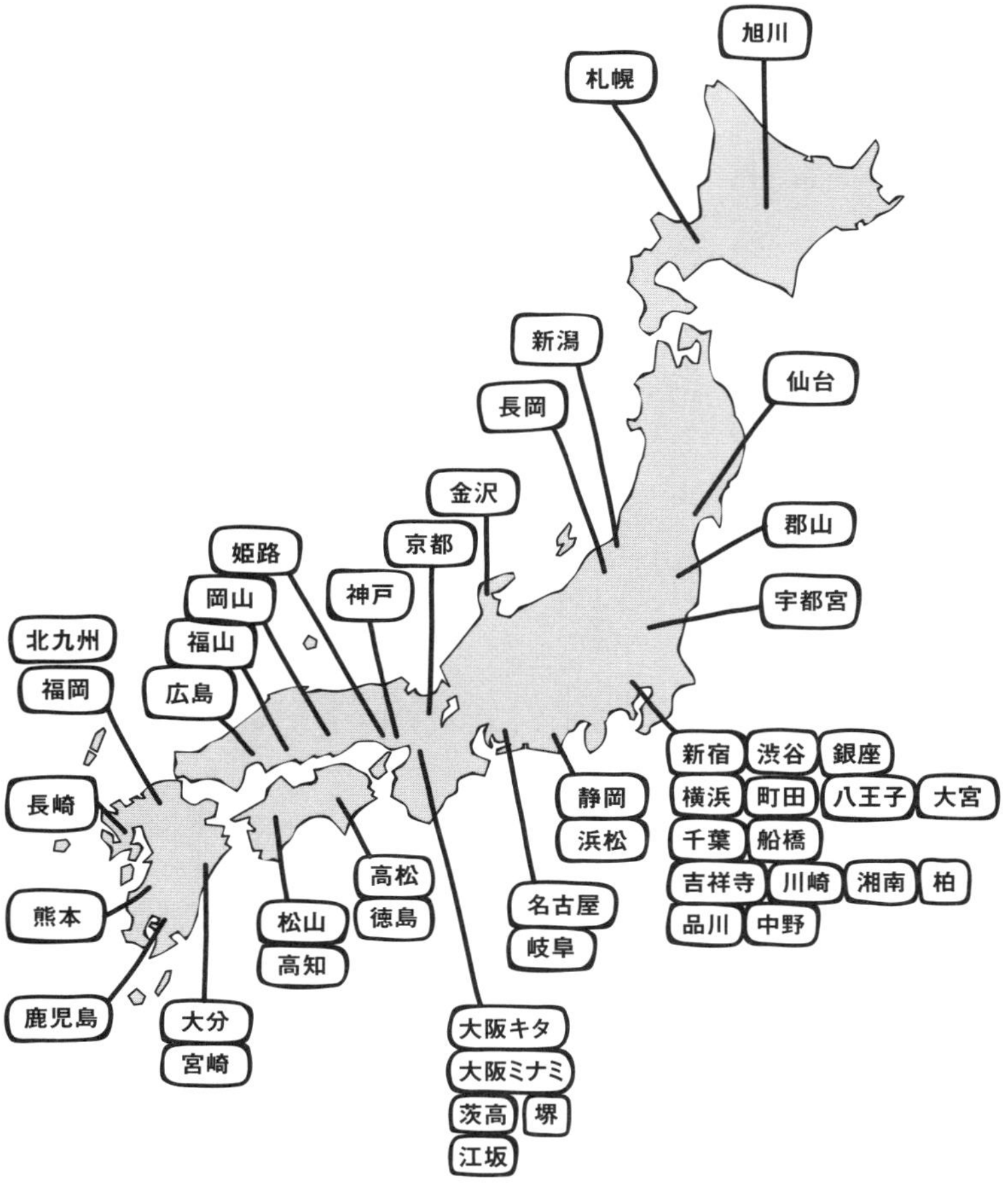

と利益を上げる雑誌媒体は類を見ない。まさに単品ど迫力の商品である。
東京や大都市だけでなく人口20万人の地方中小都市にまでにワンブランドで浸透した雑誌メディアは稀である。
なぜ『ホットペッパー』は地方の日常生活にまで根付いてしまったのか。消費行動を変えたからである。賢い選択ができて、クーポンで得をする、この仕組みのためである。
日本は114の生活圏で成り立っている。生活圏とは要は、「働いて」「住んで」「食べて」「遊ぶ」行動圏である。生活圏はそのタイプによって7つに分類される。
アーバン都市（銀座・新宿・渋谷など）、
大都市（横浜・名古屋・大阪・京都など）、
大都市周辺衛星都市（岐阜・宇都宮・大宮など）、
地方大都市（札幌・仙台・広島・福岡など）、
地方大都市周辺衛星都市（和歌山・福山・佐賀・小倉など）、
地方有力都市（鹿児島・熊本・岡山・金沢・旭川など）、
地方中小都市（郡山・青森・秋田など）である。
ひとつひとつのエリアの半径2~5キロのなかで人は「衣食住働遊」の行動を行っている。そして消費の8割をそこで行っている。その行動に必要な情報を必要な生活圏に限って提供するメディア、それが『ホットペッパー』である。

ある意味、検索サイトのグーグル・ローカルが実現しようとしていることをいち早く紙で実現したことになる。

それぞれの生活圏で行動する人たちのための、固有で価値ある日常情報をいかに集め、いかに提供するかが勝負となる。したがって、50のエリアがひとつひとつのオーダーメイドの手づくりになる。一見、マスメディアではなくミニコミ、「事業」というより「家業」向きに見える。

この「情報の家業性」と「商売としての事業性」という本来矛盾するものを統合し完成させたのが、『ホットペッパー』のビジネスモデルの特異性である。

飲食情報誌にあらず

『ホットペッパー』は生活情報誌である。飲食情報誌ではない。

最初に優先的に取り込んだコンテンツが飲食であっただけである。その特徴やインパクトから、飲食情報クーポン誌のイメージが強くなった。

なぜ最初に飲食コンテンツだったのか。食欲は人間の三大欲求のひとつで、しかも1日3回起こる欲望である。そして、強くて満足し足ることがない。毎日必要なコンテンツである。

食欲を刺激する情報誌は毎日見てもらいやすい。視聴率の高い定番となる。そこにあらゆる情報を付加するコマーシャルが入る。

たとえば、女性のキレイになりたい欲望、人の健康でありたいという願い、さまざまなことを学び豊かな経験をしたいという想いなど、生活を豊かにする情報は無限にどんどん広がっていく。

「どこで」「どんなサービスを」「どんなメニューで」「どんな価格で」「どんなお得を付けて」「いつまでの期間手に入れられるのか」

これらを生活圏のなかで探し、実現したいと消費者は考え行動している。その期待に応え信頼を得なければならない。逆に一度信頼を失えば二度と戻ってはこない。

他方、提供する側としては人的パワーの制約もあって、一度に実現はできない。だからひとつひとつコンテンツをていねいに順を追って完成度を高めていく。もちろん優先順位は消費者の求めに従うことになる。それが「飲食→美容室→リラクゼーション→キレイ→スクール→ショッピング」の順番となった。ひとつひとつのコンテンツが「消費者にとって、比較し選べる十分な量と質」を満たしながら……。

たとえば、「半径2キロの商圏設定をした飲食件数が、NTT電話の飲食店登録件数の15%、または100件以上を確保できたときにはじめて次のコンテンツに向かう」という内部のルールを決め、ひとつひとつの領域の完成度を高めていった。

それにしても、これほどまでに手付かずの販促広告マーケットが、日本中の街ごとにさ

見えなかったのではない、見なかったのだ

まざまな領域で存在していた。しかも誰も気づかずに眠っていた。

領域でビジネス範囲を限定するケースは多いが、まず生活圏・行動圏というエリアで範囲を限定し、領域を拡大していくところが新しい発想であり困難性でもある。

『ホットペッパー』では、エリアを「日本」と言わず、「114の生活圏」と定義した。その瞬間に「114の生活圏×領域」のマーケットが現れ、そのマーケットの広さと深さが見えてきた——。

しかし、東京とその他の地方と定義した瞬間にマーケットは見えなくなってしまう。東京だけが巨大マーケットでその他は小さくて非効率でどうでもよくなる。マーケットがなかったのではなく、見なくなるのである。

しかも、それは東京というマーケットがいくつかの生活圏・行動圏に分解されることすら見逃してしまう。そもそも東京などという生活圏はない。あるのは銀座・上野・新宿・渋谷などなどに細かく分かれた生活圏である。その生活圏が線路や道路で結ばれており、「衣食住働遊」のどれかが極端に欠けているとともに、どれかが極端にオバケのように肥大化して、相互に補完し合っている。

いずれにしても、地方のひとつひとつの街にビジネスチャンスがあり、東京のひとつひ

とつの街にビジネスチャンスがある。かつそのうえに、領域が掛け算で存在していると『ホットペッパー』は考えたのである。

　この誰も気づいていないマーケットを発見したとき、本当にわくわくドキドキした。それらを事業ドメインとして、「狭域ビジネス」と定義した。それは領域ビジネスでもエリアビジネスでもない。そして、それを可能とするビジネスモデルを「狭域ビジネスモデル」と定義した。その狭域ビジネスモデルを創ることこそ『ホットペッパー』の事業ミッションとなったのである。

　もうひとつの新しさは街の飲食店や美容室が集客のために、クーポン付き広告を街の情報誌に毎月出す販促広告費というマーケットをつくり出したことである。チェーン店はもちろん、路地裏の常連さんに愛され続けた個店までもが掲載する。その数は毎月2万店舗を超える。それが毎月連続で掲載している。

　巨大な広告マーケットがあったということではない。むしろ巨大な広告マーケットが出現したのである。あるいは、生まれたのである。それは同時に「クーポン」を使って得をするという「クーポンスタイル」という文化まで創り出した。

原点は梅モデル

　料理のコースに「松・竹・梅」があるのはご存じだろう。豪華なものから質素なものま

でというランクである。

それまでのリクルートはといえば、豪華な「松」コースばかりを追いかけていた。高価格・高付加価値型のビジネスである。

そこでは高い顧客サービス価値を提供する。だから、値段も高くして、強い営業力でクライアントのマインドシェアを根こそぎ獲得し、対価を支払っていただく。おかげで内部コストも高原価・高経費・高人件費構造になっていた。そのためには圧倒的ナンバー1になり、絶対的なシェアを取って価格決定権を掌握しなければならない。

大都市に広域巨大集合メディアをつくって座布団を積み重ねるようにページを積み重ねて売る。損益分岐点を超えた売上げはすべて利益になる構造をつくっておいて、さらに一顧客からの取引単価を最大化する。いわゆる巨艦型のモデルだ。

これがリクルートの勝ちパターンとなった。その後のすべての事業がこの勝ちパターンたる「松モデル」で組み立てられていった。

しかし、90年代初頭にバブルがはじけて、世の中はデフレとなっていった。コスト削減とリストラが叫ばれるようになり、低価格が企業戦略の主流となった。リクルートの必勝パターンはもはや世の中で通用しなくなっていた。世の中のナンバー1企業は、既得権シェアを死守するために、低価格・低減価・低経費・低人件費・高付加価値の実現へと舵《かじ》を切っていった。

だからといって、人材ビジネスを標榜《ひょうぼう》し、人のクリエイティビティに依存するリクルートが低人件費・低経費を前提にモデルをつくるわけにはいかない。矛盾を抱えたままだった。

既存路線の修正ではなく、商品も組織も制度も営業体制もすべて革新しなければならない。それはとりもなおさず必勝パターン自体の見直しを意味する。けれど、それはリクルートらしさを大切にするものでなければならない……。それを「梅モデル」とリクルートは呼んだ。

『ホットペッパー』はリクルートの、リクルートらしい梅モデルの開発をミッションとして担った事業でもある。

商品や人にお金もかけない事業が成功するはずがない。ケチケチした商売は「ちゃりん」ビジネスにはなっても、ビッグビジネスにはならない。家業になっても事業にはならない。

「梅モデル」とはケチくさい事業ではない。反対である。必要なお金を必要なだけ十分に使う。ただし、その範囲と期間を厳しく限定するモデルである。流通範囲とその期間、営業商圏範囲とその期間、ブランド投資範囲とその期間、人材人件費の範囲とその期間などなど——。範囲と期間を限定すれば集中的に経費やコスト投下ができる。

そして、梅モデルという名の高収益額、高収益率のビッグビジネスが生まれた。

社員でない集団がつくった オバケ事業

『ホットペッパー』は創刊当時619名の組織だった。しかし、その構成は68名の社員、450名の業務委託、101名の契約社員とアルバイト職からなる組織だった。特に営業組織にいたっては、契約社員と売上げ実績に応じて売上げマージンを支払う業務委託とで構成されていた。

いずれにしても、世の中でいう正社員でない人たちが大部分でこの事業は構成されていた。1500名になった今も、その85%は非正社員である。その人たちが事業を動かしている。

創刊当時から、業務委託と契約社員（CV職＝3年の契約社員）と、アルバイトのチカラによって、ホットペッパー事業は一から創られていった。終身雇用でも年功序列型賃金でもない有期の不安定な条件でありながら、正社員を上回る成果を上げ、正社員ではできないことを可能にしていった。しかも、想いと情熱を傾けて築き上げていった。

この事業は正社員だけでやっていたら絶対に成功しなかった事業である。それは、社員の人件費が高いというコスト構造悪化の意味ではない。その資質と想いとスピードの違いからくる差である。つまり、新規事業を立ち上げるときに正社員でないほうが優れていたということである。

人と人との関わりをつくる「組織づくり」の技

その資質は何か。「冒険ができる」ことだ。正社員は守るべきものが多過ぎる。収入も地位もそうである。他方、非正社員は守るべきものはない。攻めあるのみだ。だから、新規事業という冒険に喜んで飛び込む。そして、正社員が自社内での評価を意識してやる・やらないの判断をするのに対し、彼らの判断基準は「お客さまにとって正しいか正しくないか」だけである。社員は長く安定的に業績を上げたいと考えるが、非正社員は時間が限られている。「その期間のなかで圧倒的な成果」を出したいと考える。

彼らに主体的な仕事ができる環境を整えれば、自分の損得勘定のみに縛られずに、正しい事業を実行していくのである。要は彼らを信じるか信じないかである。その主体的な働き方を引き出せるか引き出せないかである。

世の中を見ても大手企業の新規事業はあきれるほど成功するものがない。反対に小さなベンチャー企業が成功事業を生み出していく。人材も資金も十分にある大手企業ではなく、それらに欠乏する人や組織が新しい価値を生み出していく。

『ホットペッパー』もまた、整った組織ではなかった。その欠けているがゆえにベンチャーになりえて、とてつもない事業を生み出した。

事業を立ち上げ、成長させ、拡大させるなかで、『ホットペッパー』は組織づくりのコアスキルを開発していった。それは「人と人との関わり」を創り出すための技だった。

ホットペッパー事業とは「マーケットと商品・サービスと組織をひとつにする狭域ビジネスモデル」を原点としている。そこでもっとも中核となるのはじつは「組織のモデル」であった。それを手に入れさえすれば、どんな商材も事業として成功させることができる。

どのようにビジョンを形成し戦略を立て組織に浸透させ、行動するのか？　どのような人材を採用し、どのような想いを共有し、どのような関係性を創り出すのか？　それが事業成功のコアスキルだ。これは、いま世の中の企業のなかで失われている「人と人との関わり」を、

職務とキャリアを定義した組織設計の計画書

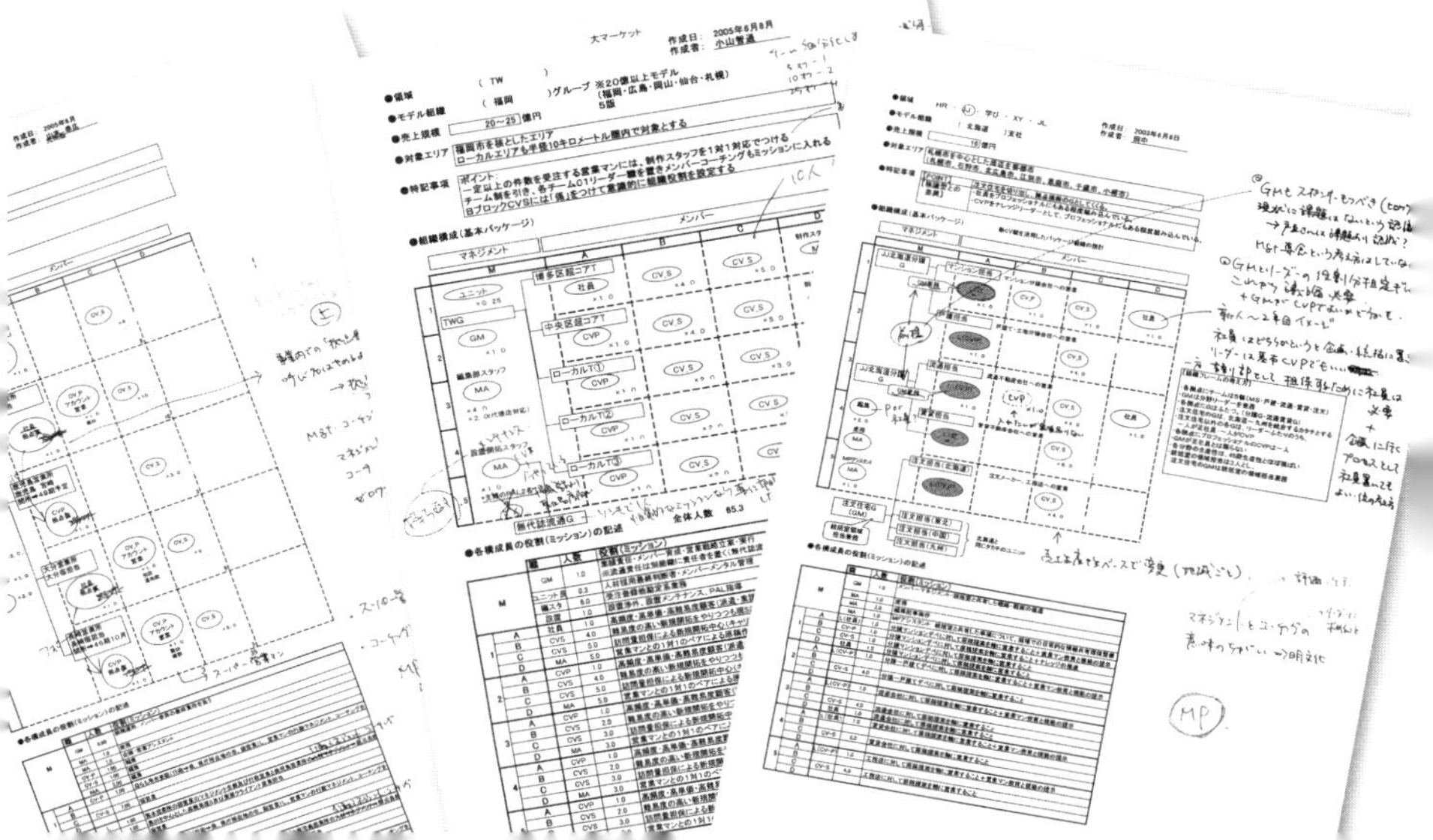

事業マネジメントが責任を持って設計し実現することにほかならない。

これをクリアすることで、組織が根本的に変わる。『タウンワーク』はすでに圧倒的なガリバー的ナンバー1競合求人情報誌が存在する地方エリアに、後発でありながら市場参入した。にもかかわらず、ゼロからの出発後わずか2年で売上げ100億達成と黒字化を実現し、5年目にして売上げ180億、利益40億、全国の地方都市に23版展開している。

このモデルは他のメディアにも応用された。『家を買う借りるのタウンズ』『学校探しの見学会本』『じゃらん』『ゼクシィ』『リクナビ』『リクナビネクスト』『ケイコとマナブ』の地域展開も、『ホットペッパー』の組織モデルを手本に組織づくりが行われ、その独自性を生み出していった。

『ホットペッパー』の組織モデルを基本形にした「狭域ビジネスモデル」は、それまで不可能で実現できなかったリクルートの念願である地域展開を可能にした。

その組織モデルの根幹は「人と人との関わりをつくる」ことだった。「何をやったかではなく誰とやったかが心に残る」「人と人との関わりのなかであなたは成長する」という事業メッセージとともに組織づくりを組織の構成メンバー全員で目指した結果である。

おもしろいチームをつくれば、仕事はおもしろくなる。チームの仲間に自分が必要とされていると実感するとき、人は嬉しくて楽しくなる。「あなたは人の成長のためにここにいる」「あなたが人を育て、人があなたを育てる」

だからあなたはあなたの仲間が育つチームをつくる責任があるとして、全員でチームづくりの役割と責任を負って組織づくりを行ったのだ。

この「組織づくりの技」こそが、狭域ビジネスモデルとして、東名阪以外の地域にも、地方の中小都市にまで一気にリクルートの商品・サービスを展開させ、事業化したのである。

第2章

『ホットペッパー』とはいったい何なのか？

この事業のすごさやおもしろさを
これまで誰にも語ってこなかった。
なぜなら、そのことに他の事業者たちが気づく前に、
一気に規模拡大をして先行者利益を獲得し、
他の追随を許さない磐石《ばんじゃく》な状態をつくりたかった。
それまで知られたくなかった。

創刊当時、新聞数社から取材があった。

冷ややかな取材だった。

「これからネットの時代なのに、いまさら紙ですか?」

「なぜネットでやらないのですか?」

「ネットでの戦略は考えていますか?」

新聞ネタとしては当時ブームだった
ネット戦略として取り上げたかったようだ。

そのほうが斬新で注目を集めるから……。

「まずは紙です」と答えると、
笑って、馬鹿にした感じで帰って行った。
2、3日してちっちゃな記事になっていた。
そのとき、かの新聞記者は
こんなにすごい事業になるなどとは
これっぽっちも感じていなかったに違いない。
いったいどういう事業なのかを、
そのときには誰も理解できなかった。

秘密をはじめて明らかにする

その当時、媒体知名度を上げるために記事に取り上げてはほしかった。でも事業の詳細は言いたくなかった。言えば手の内を明らかにすることになるから……。魅力を話せば競合が参入してくるのが怖かった。今から考えれば、どんなに話しても、誰も信じないし、相手にされないのだから大丈夫だった。

その後も成長拡大のなかで『ホットペッパー』はブームとして話題となり、さまざまな取材を受けた。

しかし、それは奇抜なアイデア商品としてであって、事業としてではなかった。

「後発に対して参入障壁が築けるまでホントのことは話すな！」と大事なことは決して話さなかった。料簡《りょうけん》が狭い話かもしれないが、アイデアが事業になるまでは怖くて余裕はなかった。早く立ち上げて早く参入障壁を築きたかった。後発に対しての参入障壁とは、後で述べる「プチコン」である。

『ホットペッパー』は街で見かけて簡単に手に取って見ることができる。外見的にはどのような商品なのかはわかるが、その形に込められた想いや目的、アイデアや工夫はまずわからないと思う。ただ使って便利で得をするということだけはわかってもらえる。

ユーザーからの支持を獲得する、掲載店の効果をあげる、営業の受注活動を簡単にする、生産プロセスの効率化・低コストを実現する、などなどの商品設計の工夫やアイデアを『ホットペッパー』はたくさん開発して一冊に封じ込めている。

しかし、なぜオールカラーで印刷された分厚い雑誌が無料で配られるのか？　しかも街のあらゆるところに置いてある。効率よく棚取りをするあのセブン-イレブンにも無料の『ホットペッパー』が置いてある。不思議に感じる人も多いと思う。

『ホットペッパー』とはいったい何なのか？

どんな背景で生まれてきたのか？

何を強みとしたのか？

どのような工夫がそこにあるのか？

商品として圧倒的な差異や競争優位、新奇性をつくり出していった『ホットペッパー』が、その商品や事業にどんな特徴を持っているのか、どんな世界を実現しようと考えていたのか、今だから明らかにする。

それは、事業のなかでは繰り返し語り継がれてきたことを、外に対してはじめて話すことになる。

逆行して生まれた

『ホットペッパー』は来るべきネット時代を見据えていた。だから紙でスタートした。

紙からネットの時代にあえて逆行して生まれた。今から7年前のネット業界はネットバブルがはじけたばかりだった。すごいことが起こりそうだけど起こらない。ユーザーの囲い込みのインフラを創る競争にまい進して、先行投資に金はかかるが儲かる構造はまだない。「ホントに儲かるビジネスなのか?」という不安が投資家たちの間でよぎっていた。

一方、リクルートでは、それまでコストをかけて集めてきた情報を市販誌として発行し、情報を欲している人には書店で本を買っていただき、情報を発信するクライアントからは掲載料というお金をもらっていた。ところが、ネット企業はその情報をネット上に無料で掲載し、無料で提供しはじめた。人の集まる場をまずネット上につくればいずれ課金できると考えて無料競争をしていた。ネットユーザーも少なく、情報のクオリティが低く、ネットのテクノロジーが低い間はまだいいが、それらが進化すればリクルートのビジネスモデルは根本から崩壊する恐怖をリクルートは感じはじめていた。

情報の無料化という革命が起こっていたのだ。

ネットが引き起こしている情報無料化の流れを整理してみると、「広告掲載料の無料化」と「情報提供料の無料化」に分けられる。

生活圏の日常生活コンテンツ・ポータル

いきなりネットで『ホットペッパー』をスタートしても広告掲載料無料化争いに巻き込まれるだけだった。まだバーチャルのネットにクライアントは掲載料を払わないが、リアルの紙の広告ならお金を払う。まずはクライアントからお金をもらう仕組みをつくるのだ。けれど、ネットで自宅に居ながらにして無料で情報が手に入るユーザーに対しては、無料で情報を提供しなければならない。すなわちフリーペーパー＝無料誌である。

クライアントにはリアルで課金する仕組みをつくって囲い込む一方で、ユーザーはフリーペーパーという形で囲い込みと場づくりをしてブランド化する。そして、来るべきネット時代にそのクライアント情報とユーザー囲い込みをウェブに転嫁すればいいと考えた。はたから見ると「ネット時代に逆行する」ように見えたかもしれない。でもそうではない。紙からネットへ行く道筋を当初からシナリオに織り込み、リアルで大きくマーケットを拡大し儲かる構造を創るために、まず紙からはじめたのだ。ネットだけではだめで、紙とネットでなければならない。そして、紙でスタートが切られた。

リクルートは人生のイベント、たとえば「進学・就職・転職・結婚・住まい購入・社会人学習・旅行」など、大きな意思決定とともにお金が動く人生のタイミングに合わせて、大切な情報を提供し、提供する企業からお金をいただいてきた。実に明快で、もっとも儲

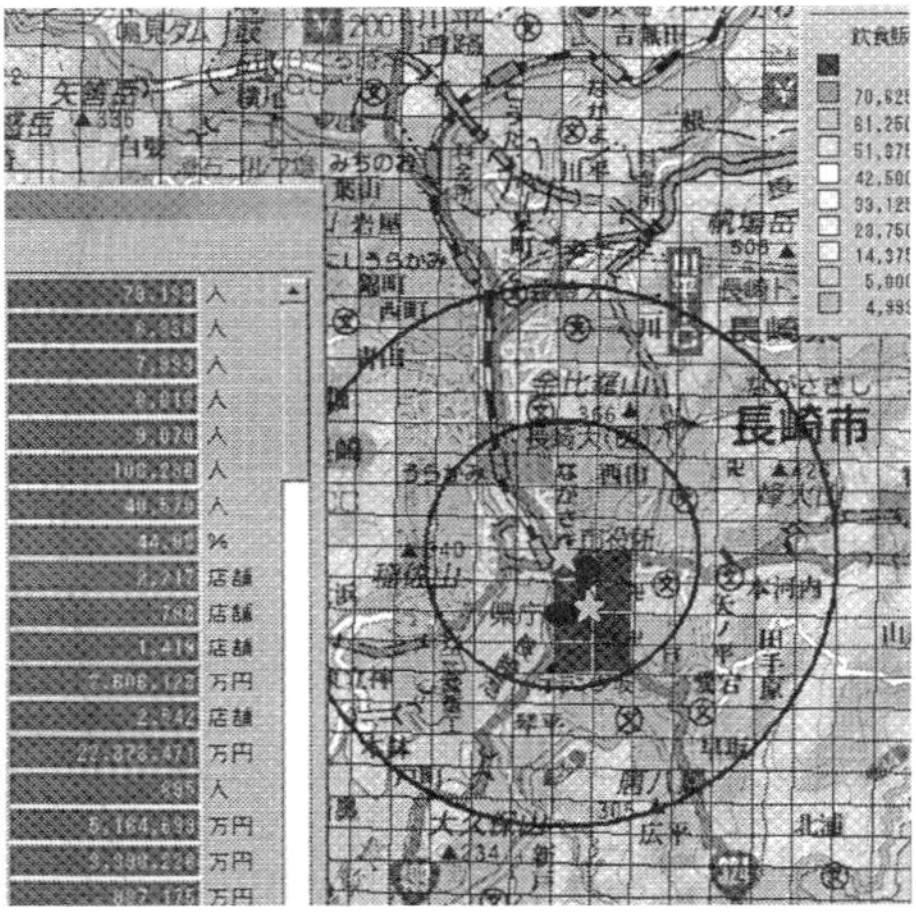

地図データベースにもとづく商圏設定

けることのできるおいしい情報だけを、上手に扱い高収益をあげてきた。けれど、それは毎日必要な情報ではなく、生涯に何度かでいい情報なのである。

リクルートはネット時代の初期にISIZE《イサイズ》というポータルを立ち上げた。結果として失敗に終わり、ヤフーに負けてしまった。決定的な差はヤフーが毎日見に来てもらえるコンテンツを開発したのに対し、リクルートは自分たちのイベント型コンテンツを単にウェブに乗せただけだったからである。かたや毎日読む新聞に対して、本棚に飾ってある百科事典だった。

来るべき紙からネットの時代のために日常型のコンテンツが何としてでも必要だった。

ここで、ダイエーに株を買収されたことが生きてきた。

「生活者」というキーワードである。

街の生活情報誌というコンセプトが生まれてくる。

考えてほしい。毎日の買い物はどこでするのか？

毎日必要な情報はどこの情報なのか？　毎日会話に出てくる話題は身の回りのどれぐらいの範囲か？　行きつけの店はどこにあるのか？　行きつけの美容室はどこにあるのか？　スクールはどこまでなら行ってもいいのか？　では、お買い物はどこでするのか？

あなたは自宅か職場の半径5キロのなかで毎日の消費行動をしているはずだ。どんなに広くても10キロである（東京だけは30分の時間範囲）。

つまり、生活圏のなかであなたは情報を探し、消費行動をしている。

生活圏（行動圏）であなたが稼ぎ出す所得の8割を消費する。

街の生活情報誌こそが日常型コンテンツがふんだんにある情報誌となる。

生活圏の情報こそ日常生活のなかで人々が必要とする情報なのだ。

グーグルがグーグル・ローカルを立ち上げている。ヤフーもローカル情報のコーナーを新たにリニューアルで設けた。ネットの勝負は生活圏に移っていくことがはっきりしてきた。生活圏エリア・ポータルの集積こそがナショナル・ポータルとなる。

『ホットペッパー』は「生活圏エリアの紙のポータル」と考えてスタートした。

人を動かすスイッチ

「生活圏エリアの紙のポータル」を目指すライバルとして、すでに全国各地には「タウン情報」が存在していた。地元の飲食店からイベント情報まで幅広く紹介していた。

その中途半端なコンテンツの広がりから、かえって『ホットペッパー』にとっては戦いやすかった。何屋さんかがわからない店みたいなものだ。

『ホットペッパー』は飲食情報に絞って参入した。でも、それだけでは競合との差異化ができない。先行する競合との違いを、クライアントに明確にアピールできなければならない。それが「クーポン」だ。新しい価値をクライアントに認めさせるには、効果を目に見える形で示す「仕組み」が必要なのだ。見える形で証明しなければならない。クーポンは顧客との効果の約束である。これが単なる広告から一歩踏み込む仕組み化である。

それは広告画面にも表れている。それまではクーポンは付録として巻末にあるものだった。おまけに過ぎなかった。そのクーポンを広告画面のなかに必須項目として、形式と位置も決めてフォーマット化した。「写真とキャッチコピーとクーポン」で原稿は構成され

1／9のフォーマット広告

る。

記事風の長文コピーなど必要ない。

誰でも原稿をつくれるシンプルな写真とキャッチとクーポンにすることで、クリエイティブ・コストを削減しながら、クーポンという武器で圧倒的な注目と商品差異化を実現した。

『ホットペッパー』を見た人はクーポンを持ってお店に行く。そのクーポンに書いてあるサービスを書いてある条件で提供される。クーポンは「読者に対するお店の約束」である。読者は約束を持ってお店に行くことになる。クーポンは人を動かすエンジンになる。

一方、クーポン戻り枚数、来客数、客単価で売上げ換算され、広告掲載料とのコスト・パフォーマンスが測定される。クーポンは広告掲載クライアンにとって「価値を測定する仕組み化」も初めてつくり出したのだ。

『ホットペッパー』は、読者に情報を伝えるのみではない。「動かす」こと、「測定する」ことまで組み入れた商品である。そして、それを仕組み化した商品である。クーポンのなかに深い意味と価値を見出し、真剣に商品化した初めてのメディアなのだ。

日本に クーポン文化を醸成する

「なぜ広告掲載料を払ってまで割引しないといけないのか？」と掲載店は大変な抵抗をしてきた。「クーポン＝割引＝値引き商売＝つまらないもの」という構造が、その当時はクライアントにもユーザーにも意識のなかに既成概念としてあった。

お客さまからの抵抗もあって、営業現場は大いに混乱した。われわれはクーポンの概念を定義し直し、世の中に定着させなければならなかった。

それは、自らが信じ、お客さまに語れるコンセプチュアルな定義である。

「クーポンはギフト」

クーポンは値引きではない。まだ見ぬお客さまへの招待状である。いつもお世話になっている常連さんへのギフトである。心を込めた贈り物なのだ。

「定価を下げずに賢い価格コントロール」

クーポンは値下げではない。売れない↓定価を下げる↓利益が下がる↓減価・経費を下げる↓人件費を下げる↓所得が下がる↓物が買えない↓物が売れないというデフレスパイラルの最大の間違いは「定価を下げた」ところにある。一度下げた定価は二度と戻らない。しかも、インパクトのある下げ方でなければ効果がないため、下げ幅は大きなものとなる。

クーポンは「定価はそのまま」で、時間を限って、ユーザー対象を限って、商品を限って、個数を限って行う賢い価格政策だ。いつもはこんな価格のサービスを今回は特別に……お得感を増幅させる。効果抜群の価格コントロールである。

「保証付きの冒険」

ユーザーはおいしくて、居心地好《よ》くて、良心的な価格のお店を探している。でも、失敗が怖くて冒険せずにいつもの店に通っている。しかし、「このメニューをこの価格でお得をつけて提供します」という約束があれば動く。保証付きの冒険である。クーポンは保証付きの冒険を可能にするのだ。

クーポンは賢い消費を実現する。使うことが得なのではない。使わないことが損になるからだ。そのとき、クーポンを使うことがケチくさくて恥ずかしいという気持ちがなくなり、習慣となり文化となる。

『ホットペッパー』は事業目的をクーポン文化の醸成に置いた。それが事業のビジョンであり哲学となった。お客さまがその壮大なビジョンと哲学に引き込まれていった。

クオリティの競争の世の中をつくる

「クーポン文化を醸成しデフレスパイラルを止めて日本の街を元気にする」

これが『ホットペッパー』の事業ビジョンである。

低価格競争に大手企業がまい進して、限られた商圏でこぢんまりと、けれど質にこだわってサービスを提供する企業が苦しんでいる。地場の価値あるサービスが価格競争だけに巻き込まれていく。

低価格戦略は大量生産できる大手資本にしかできず、手づくりにこだわる零細企業は価格では勝負できない。価格以外のクオリティで勝負したいのに、価格が阻害している。価格の見え方があまりにもインパクトがあるために……。

「絶対価格の表示」から「お得の表示」の勝負へ変えるのがクーポンだ。そこでは、価格の高低よりも、割引のお得感と限定感が消費行動を刺激する。

価格という阻害要因を、クーポンという便利なアプローチでかわして、本当の勝負に持ち込むことができる。地元の小さなお店も大規模チェーン店との差異化が可能となり、その存在感を示せる。

価格ではない本来のクオリティ（質）の競争を創り出す。味・空間デザイン・接客のクオリティの勝負へ広がり、やがてはそのクオリティ競争はその街で提供されるサービス全体のクオリティを劇的に向上させる。そこで生活する人たちはそのクオリティを享受できる。そして、それはその街のデファクトスタンダードとなり、街のクオリティを上げる。その街ごとの個性や特徴を生かしながら街は活性化していく。

『ホットペッパー』の使命は「クーポン文化を日本に醸成する」「日本の街を元気にする」「街のクオリティを上げる」と定義した。それによって、事業の意味や価値が明らかになる。それは影響力となる。

実現したい世界を掲げるとは、すなわち「どのようにやるか?」の前に「なぜやるのか?」を明らかにすることになる。方法ではなく目的だ。

大好きな街を救いたい

自分の生まれ育った街に人が集まり、動き、元気になっていく。

『ホットペッパー』に働く人たちは「自分の生まれ育った街のために働く」ことに誇りを持ち、「若者が集まる楽しい街づくり」で故郷に貢献している。

なぜ『ホットペッパー』の地方展開がスムーズに地場のお店や読者に受け入れられたのか? サービスの特異性もある。でもそれ以上に、サービス提供の根底にある理念とそれを実現する人たちの姿勢・考え方にある。地方の街に生まれ育った人たちは、衰えていく故郷の街を寂しく思っていた。都会から戻ってきて、懐かしい街に遊びに出かけても、人

地方の寂れた商店街。こんな街を救うんだ！

通りもまばらで寂れていく商店街を悲しく思っていた。自分に何かできないかと考えても何もできなかった。そこに『ホットペッパー』と出合った。そして、自分の愛するこの街を救って元気な街にしたいという理念や信念を持ってこの事業にあたった。

当初広告掲載クライアントはリクルートに対し、「東京本社のよそ者が、この地方で自分たちの役に立つサービスを提供するはずがない」と冷ややかな見方をしていた。

一方で、『ホットペッパー』は「東京のサービス」を地方で提供するなど考えてはいなかった。「街のサービス」を街に提供するものと考えていた。街のサービスをその街で生まれ育った人たちが想いを込めて実現することにこだわった。だから、メディアづくりの素人の地元の人間を地元から採用し、一から教育して短期間で戦力化した。地元のメディアを地元の人間で地元のクライアントと読者のために生み出すことに価値を置いた。

日本の１１４の生活圏ごとに豊かにする情報の提供、すなわち「狭域ビジネスモデル」の原点がここにある。

「誰が」「何のために」が抜けて、「どのように」ばかりが先行する事業は必ず破綻《はたん》する。それなのに、「誰が」「何のために」を語り続けていない事業は意外に多い。世の中の既存事業が破綻していくのは、創業の目的を忘れ、事業のオペレーション方法にばかりに目が向いて、目的が語られなくなっていくからだ。

逆に「目的コミュニケーション」が日常会話に織り込まれている組織は強い。『ホットペッパー』は会社がつくった事業ビジョンというより、一人ひとりの想いを形に表現したものが会社の事業ビジョンとなった。だからこそ、強くて熱いエネルギーとなった。

事業が実現したい世の中に共感する人たちのチカラは絶大である。

見れば見るほどに非常識な雑誌

『ホットペッパー』は数々の雑誌の常識を否定して創られた。
「タダで配る」

「毎月５００万部」
「オールカラー」
「編集記事なし」
「インデックス不要」
「ワンプライス」
「クーポンマガジン」
「営業マンが制作マン」
「コンビニ・駅に無料設置」

オールカラーの分厚い立派な雑誌をタダで配る。しかも、全国各地で50種類の『ホットペッパー』が毎月いっせいに街に出る。その部数は日本全国で毎月５００万部を超える。

売れる商品しか決して置かないはずのコンビニが、値段も付いていない雑誌を設置してくれる。

無理矢理送りつけるわけでもない。みんながわざわざ取りに来て、自ら手にとって家に持ち帰る。特集も編集記事もない雑誌が発行後わずか2週間で街からなくなってしまう。

ユーザーは家に持ち帰り、寝転がって、目次もないこの雑誌を頭から一枚一枚全部め

『ホットペッパー』
地方エリア

クリエイティブの大量生産

くって見ていく。クーポンを切り取り、財布に入れておく。

『ホットペッパー』はフリーペーパーでも雑誌でもない、「クーポンマガジン」というジャンルを切り開いた。スペースの99%が売り物である。1ページが80万円の単価で売れていく。

コマ広告自身があたかも編集記事のように見える。けれど、ベテランの制作マンが原稿をつくっているわけではない。営業マンによってシステム制作されている。

広告業界は掲載クライアントが圧倒的に強い。値引きなど当たり前のこの業界で、『ホットペッパー』は一切の値引きをせず、ワンプライスで販売している。

それらを、入社して3年もたたない、営業も制作も未経験の女性たちが、いとも簡単に当たり前の仕事としてこなしている。

どれもこれも雑誌の世界では非常識なビジネスだ。

広告掲載クライアントは自由度の高い原稿を求める。他方、読者は整理された情報フォーマットでの質の高い原稿を求めている。

自由度の高い原稿はオーダーメイドとなり、手間暇と専門性が不可欠だ。当然コストもかかる。手間暇とコストがかかるのに、読者はそれを支持しない。二律背反だ。けれど、お金を出して掲載する広告掲載クライアントの満足度を無視するわけにもいかない。

この矛盾を解決するコンセプトがある。「クリエイティブのパッケージ化」がそれだ。

『ホットペッパー』は「営業→制作→お客さま」の流れを、「営業→お客さま」に変えた。これでコミュニケーション階層を少なくし、営業マンが自分で原稿をつくる。クリエイティブの専門家でなくても、お客さまのクリエイティブ欲求を完全に満足させ原稿がつくれる制作システムになっている。

そのために用意したのが、テンプレートという原稿制作フォーマット・パターンである。テンプレートを選択し必要なアイテムをカセット方式で埋めていく。コピーやキャッチの位置、写真の位置の違うパターンが並ぶと、あたかも自由につくったかのような仕上がりになる。専門性の必要なコピーを少なくして、慣れれば誰でも使えるデジカメで撮影する写真を中心に原稿をつくっていく。

テンプレートは原稿サイズごとに必要となる。したがって、できるだけ原稿サイズは絞り込まれていなければならない。原稿サイズが複雑になればなるほど台割（ページ構成）の展開が複雑になりスペースの無駄も起こる。

解決の方法は簡単だ。サイズを決めてから売ることである。

それは、ユニクロのフリース戦略みたいなものだ。たくさんのアイテムがあって、多品種少量生産になればなるほど生産効率は悪化する。かといって顧客満足が上がるかというとそんなことはない。『ホットペッパー』は1／9サイズの3回連続に決めて顧客への案内を徹底した。それ以外の売り方を認めないくらいの気迫だ。

売ってから考えるのでは遅過ぎる。生産効率を考えて売り方を設計しなければならない。商品の選択と集中のみならず、商品企画の選択と集中を行ったわけである。

商品と生産と営業を連動してシンプル化すれば、顧客の満足を満たし、コストダウンを実現し、クリエイティブな商品がつくれる。三方よしになる。

売れない恐怖に負けて顧客の気まぐれに振り回されてしまわないことだ。「顧客ニーズは多様化する」というが、「その多様化とは数字でいうといくつか？」という問いに答えを用意していない。多様化をグルーピングすると、じつは絞り込めて集約化できるからだ。実のところ根本的なところは多様化などしていない。

真似できない強み
雑誌の分散型
チェーンビジネス

創刊からわずか3年で、人口30万人以上の都市40カ所に一気に版展開を行った。熊本・鹿児島・北九州・静岡・浜松・金沢・岡山・高知・徳島……。なんのインフラもネットワークもないなかで、各地にゼロから新版を立ち上げていった。これは地元の印刷会社が中核になってフランチャイズ方式で地域展開しているタウン情報誌とはまったく異なる。いわば純血主義であって、リクルートが直接経営方式で現地に拠点を設け、体制を

整えて『ホットペッパー』を創刊していったのだ。こんなことが可能になるには、いくつかの条件があった。

まずは生産システムだ。

ウェブ入稿システムで日本のどこからでも原稿を入れられる仕組みをつくったうえで、印刷態勢を全国パズルのように設計しておく。ひとつの版で印刷部数は少なくても8万部多ければ30万部にもなる。その印刷を可能にする納期と印刷技術を持つ印刷工場を、配送の時間とコスト効率を考えて日本全国に配置している。結果的に印刷ロットは大きくなり、規模のメリットが享受できるために、地方の印刷会社では考えられないローコストが実現できている。

次に、「ターゲット設定・コンテンツ設定・部数設定などのマーケティング」「営業顧客設定・営業手法・価格戦略などの営業」「流通エリア設定・流通ポイント設定・流通部数設計などの流通」「商品認知広告メディア設計・広告表現技術などのブランディング」「商品・事業立ち上がりまでのスケジュール、キャッシュフローなどの経理財務フロー」などのビジネスフローのパッケージを用意した。

最後に一番重要なのは、「採用と教育と組織化のパッケージ」だ。

新規立ち上げ時に必要な能力・スキル・態度・資質を明らかにした採用活動により、選りすぐった人材の確保を行い、その育成を短期間で行う仕組みができていること。そして、個と個を結び組織としての強さを生み出す仕組みをパッケージとして持っていることが、どんなに離れ隔離された場所で事業を立ち上げてもそのクオリティを決して落とさない仕組みとなっている。リクルートの本業である人材領域で培ってきたスキルが、分散型雑誌のチェーンビジネスを可能にしている。この技術こそ他社では真似のできない部分である。

この『ホットペッパー』の採用と教育と組織化のパッケージ化は、『タウンワーク』『タウンズ』『ゼクシィ』『学校見学会本』などの日本全国の地方都市への地域展開に生かされて、その各々の急激な版展開を組織づくりの面から可能にしていった。

第3章

失敗が教えてくれた11の警告

『ホットペッパー』には
前身となる雑誌があった。
『サンロクマル』である。
7年で36億の累積赤字を抱えていた。
創刊から7年たっても
黒字化できず迷走していた。

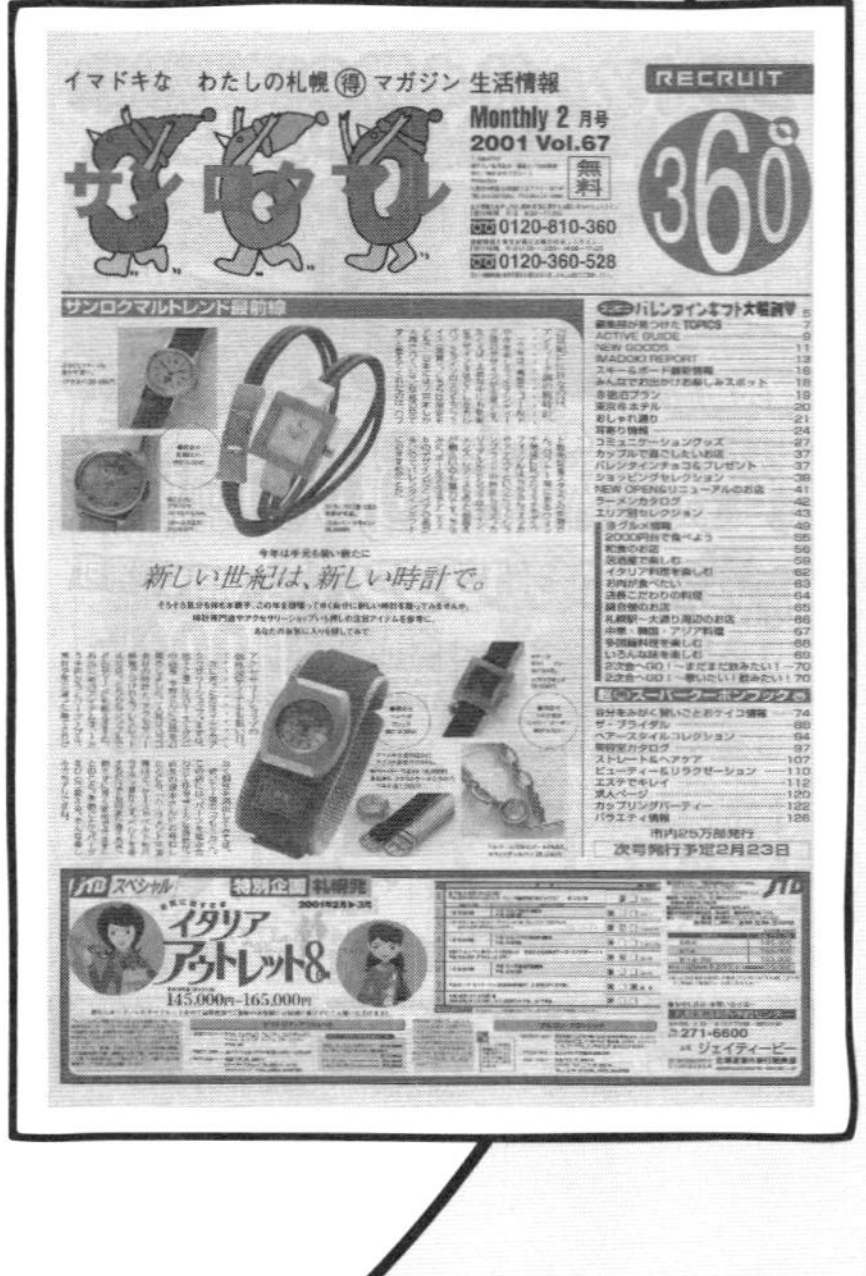
イマドキな　わたしの札幌㊢マガジン 生活情報
RECRUIT
Monthly 2 月号
2001 Vol.67
無料
360°
0120-810-360
0120-360-528
サンロクマルトレンド最前線
新しい世紀は、新しい時計で。
ACTIVE GUIDE —— 9
NEW GOODS —— 11
IMADOKI REPORT —— 13
コミュニケーショングッズ —— 27
ショッピングセレクション —— 38
ラーメンカタログ —— 42
エリア別セレクション —— 43
2000円台で食べよう —— 55
イタリア料理を楽しむ —— 62
いろんな味を楽しむ —— 69
ザ・ブライダル —— 88
ヘアースタイルコレクション —— 94
ストレート&ヘアケア —— 107
ビューティー&リラクゼーション —— 110
エステでキレイ —— 112
カップリングパーティー —— 122
バラエティ情報 —— 126
市内25万部発行
次号発行予定2月23日
JTB スペシャル 特別企画 札幌発
イタリア アウトレット8日間
145,000円～165,000円
ジェイティービー

なぜ7年の間で
そこまでの累積赤字を抱えてしまったのか？
サンロクマル事業には何が起こっていたのだろうか？
戦略や組織に何が起こっていたのか？
ここでは、失敗事業の特徴を整理する。
あなたが関わる事業に当てはめて考えてみてほしい。
成功から学ぶことはあっても、
失敗から学ぶことなどない。
ただ、失敗事業は事業の現在がはらむ
危険度を教えてくれることがある。
もし、その特徴に当てはまれば当てはまるほど、
あなたの事業は必ず失敗することになる。

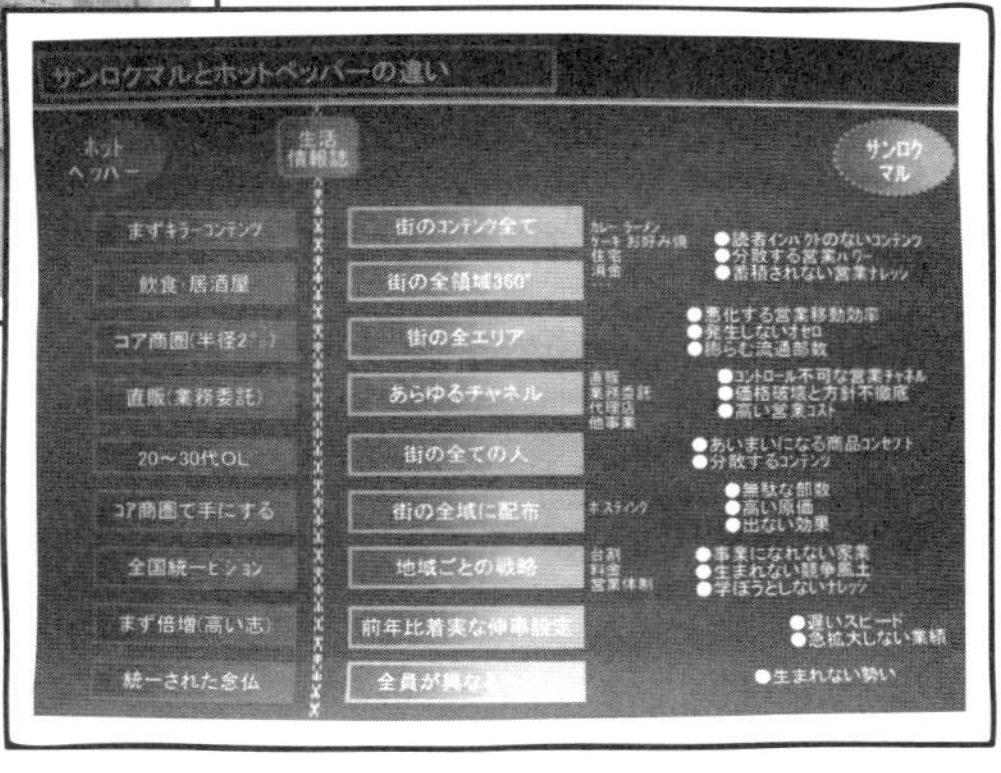

scene 1

「できない理由」を上手に説明している

2001年の春、それまではバラバラで運営してきた12版の事業責任者である版元長《はんもとちょう》（『ホットペッパー』の各エリア版の責任者をこう呼ぶ）たちが東京に一堂に会し、商品統合、戦略・戦術統合に向けた会議が行われていた。

それまでは、商品名称こそ「サンロクマル」で統一していたが、コンテンツも原稿フォーマットも営業体制も部数設定も流通チャネルも価格もバラバラで、各々が自由に決めて勝手にやっていた。そのなかでも、広告掲載価格設定と値引きについては、何の基準もないために正価で値引きをせずに高単価で受注実績を残していた札幌や仙台に対して、横浜や大阪は値引きも大きく低単価で受注の実績が積み上がっていた。その価格を事業として地域間・スペースの整合性が取れるように定価設定し直して、一切値引きをしないワンプライスの導入をすべきとの議論をはじめた。各々の思惑もあり、版元長は納得していなかった。

ベテランの版元長が力説した。

「絶対にうまくいかない。地域ごとに価格相場は違うし、コンテンツごとにも価格相場は違う。だからワンプライスは絶対にうまくいかない。7年やって無理だった。定価で売りたくてもそうならない事情あるのです。なぜなら……」

理路整然たる説明だった。その説明はこれまで正価販売できなかった個々の事実を積み重ねながら、クライアント、読者、印刷事情などさまざまな角度から論理的かつ緻密に分析されていた。「なるほど――」思わず唸《うな》るほどだった。そこで、質問した。

「できない理由はよくわかった。ありがとう。そこまで見事に『できない理由』が説明できるなら、できるにはどんなことをすればいいのかを説明してほしい。実現するために考えて実行してきたことを教えてほしい」彼は一言も説明できなかった。

彼はできない理由を考え続けていたが、それと同じぐらいできる方法を考えていなかった。

『サンロクマル』は社内のお荷物事業と言われていた。事業が利益を出せず赤字でも潰れることはない。なぜうまくいかないのかを実に上手に説明していた。マーケットや商品やオペレーションや組織の問題点や課題が実に見事に論理的に挙げられ整理されていたが、解決策はなくて、今後のテーマと検討事項ばかりになっていた。課題ばかりで解決策がない。「こんなにいろいろな問題点を多角的に、多方面から想定し考えてあります、どうです、頭いいでしょ!」という感じ――。やがて「原因は外にあって内にはない」という証明をひたすら行いはじめる。このスパイラルにはまると抜け出せなくなる。

できる方法を考えていない自分にすら気づかなくなる。

大切なのはできる方法をひたすら考え実行することだ。

戦略とは捨てることだ

「３６０°」と書いて「サンロクマル」と読む。

それまでのリクルートの事業は住宅・結婚・就職・進学と領域ごとに情報誌を出していた。それに対し、『サンロクマル』は特定エリア（街）の領域情報はすべて掲載するコンセプトではじまった。全方位という意味での３６０°だった。

最初は大宮だった。広告付き電話帳を目指した。当初は年に2回の発行でスタートしたが、途中から毎月発行を前提に街の生活コンテンツをすべてかき集めるモデルに変えていった。ＮＴＴ職業別電話帳に載るすべてのお店が営業先になり、ローラー飛び込み営業がはじまった。街の花店、自転車店、美容室、看板店、はんこ店、ガソリンスタンド、クリーニング店、酒店、病院などなど……、「街のすべてのコンテンツを掲載する」という壮大なロマンだけで超人海戦術で営業がスタートされた。

結果としてさまざまなコンテンツ台割ができた。が、台割ごとに見ると数件ずつしかお店が掲載できない。読者にとっては比較も選ぶこともできない、中途半端な情報になっていた。

営業先が分散し、営業組織が分散し、商品が分散し、営業ナレッジが分散し、流通設置が分散し、情報コンテンツが分散し、ユーザーも分散した。

サンロクマルとホットペッパーの違い

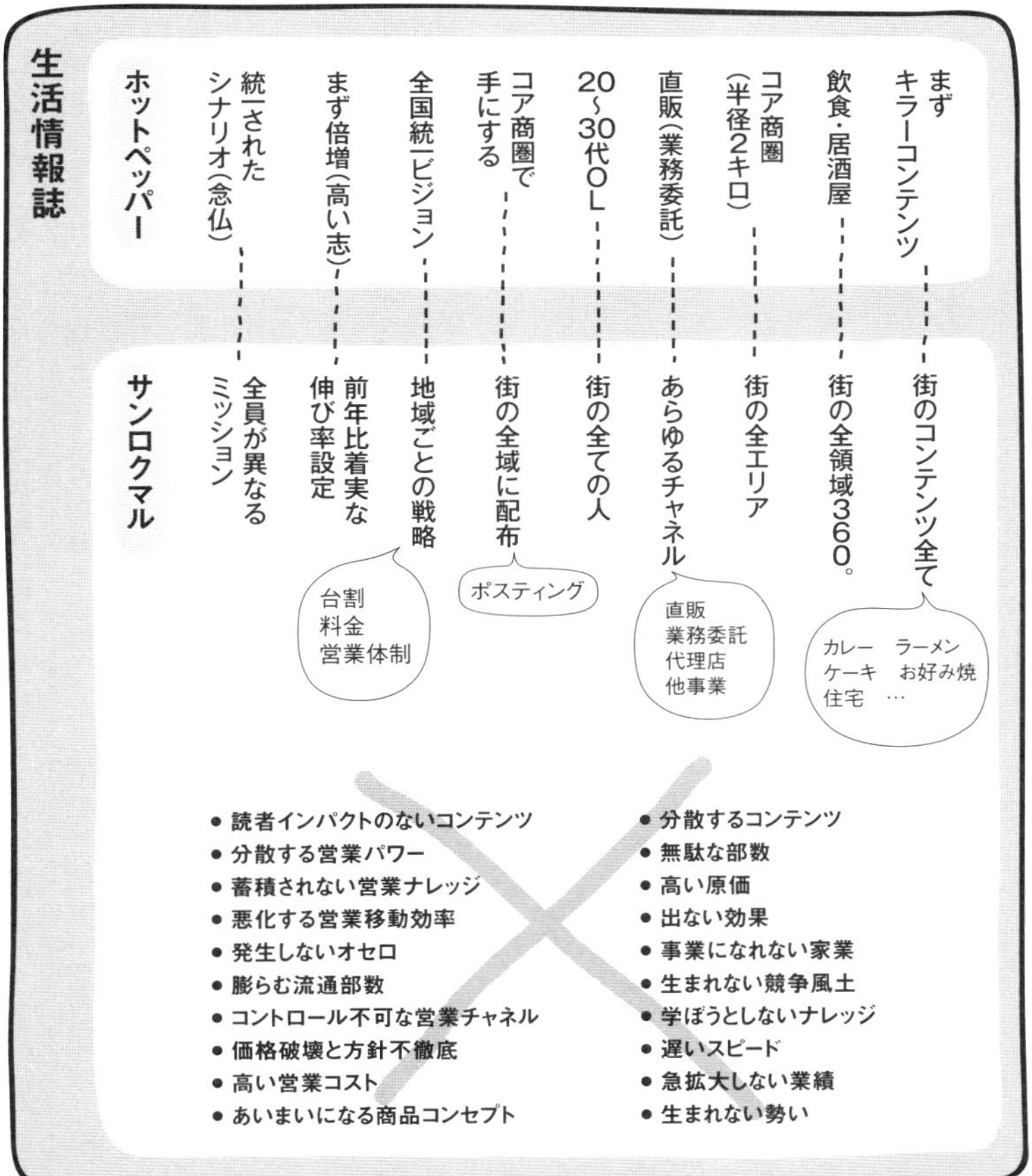

目標はある、目的がない

街の読者にとって、もっとも大事で優先順位の高いコンテンツは何か？　それは街のどこにあるのか？　この問いに答えることができなかった。選択と集中ができていなかった。当然にしてそれは、限られたマンパワーをどこに集中するのかも決められず、漫然と営業するという間違いを犯していた。

「３６０。」＝全方位＝超多角化となる。

戦略とは絞ることである。絞るとは捨てるということだ。選択と集中の重要さを『サンロクマル』は忘れていた。

その名前を掲げた瞬間に、失敗の道をひた走りはじめていたのだ。

『サンロクマル』には売上げの目標はあった。でも事業の目的がなかった。売上げを達成する件数が設定されると、その件数をただただ追っかけていた。

なぜその件数が経営的に必要なのか？　なぜその件数が読者に必要なのか？　その件数を満たしたとき、読者はどんな行動を起こし、お店ではどんなことが起こり、街では何が起こるのか？　これらのイメージが構成メンバーに語り伝えられていなかったのだ。

実現したい世界観が明らかにされていなかったわけだ。それは言葉として、映像として、事業の構成メンバー全員のまぶたに焼き付けられていなければならないはずだった。

目標があって目的がない、それは作業であって仕事ではない。では目標と目的の関係はどんなものだろうか。目的とは、「目標を達成したときに実現される姿」である。だとすると、目的なき目標はノルマであり無理強いに過ぎなくなる。目的を明らかにした目標は自ら主体的に取り組み是が非でも実現したい姿への道しるべとなる。

目標だけがあって目的が説明されない事業は決して少なくない。自らの行動の目的を知らずして人が生き生きと集中して、その持てる力を出し尽くすはずがない。そんな組織は主体性のない烏合《うごう》の衆となる。個人の損得だけで動く自己中心的な人と無関心な人たちの集まりになって、チーム力のない集団となる。目的がないということは、組織に求心力がないということである。個のチカラと個と個を結んで生まれる、組織が本来持っているエネルギーが発揮されない。

だが目的はあればいいというものでもない。その目的があまりにちっぽけでは意味がない。自らの出世とか会社の業績といったものでは目的の価値はない。

ヤクルトを毎日届ける仕事をしている方々はヤクルトを届けているのではない。「健康」を届けている。ソニーのウォークマン開発者は携帯音楽プレーヤーを開発したのではない。「音楽と生活する世界」を開発してブームを創った。

世の中を変える、街を動かす、人を幸せにする。こんな壮大な目的であればあるほど、

事業は物語だ、勝つシナリオをつくれ

数字である目標は価値を持つようになる。

目的が事業のエネルギーになるのだ。目標はその道しるべに過ぎない。

「まずは飲食コンテンツに集中する。半径2キロのコア商圏でNTTデータの飲食件数のうち15%を獲得すれば、読者のマインドシェアを獲得できて、流通段階でみんなが自ら喜んで手にとって持ち帰るインフラができる。その流通インフラが確立できれば、一気に効果のある媒体になれる。その後に美容室、キレイ、スクール、リラクゼーション、ショッピングなどのコンテンツに展開を拡大する。そして、街の生活情報誌になる。そのために、半径2キロにある街の飲食コア商圏内の飲食店へ、特に居酒屋へ営業に行く。1／9スペースを3回連続で受注する。1人1日20件の訪問を実行する」

これが『ホットペッパー』の勝つシナリオだった。

その前身『サンロクマル』には、残念ながら勝つシナリオがなかった。「やりながらシナリオをつくるんだ」などとうそぶき、キレイごとばかりが唱えられた。それでは、台本のない芝居を役者が演じているみたいなもので、演じながらシナリオを描くと言っているのと同じになる。アドリブだけで心を動かす劇になるはずがない。

事業が成功するためにシナリオは是が非でもなくてはならない。考えて、考え抜いて、

たとえばホットペッパーの勝つシナリオはこうでした

領域	飲食、居酒屋	選択と集中
エリア	コア商圏（半径2キロ）	
商品企画	1／9P	
受注パターン	3回連続	
必ず勝つシナリオ（念仏）	「飲食」「居酒屋」「1／9P」「3回連続」「コア商圏」「20件訪問」	浸透
組織をつくる	フラット／官僚排除、東海堂、仕事中心、業務委託、CV採用／CV版元長登用	
ビジョンとテーマ	必ず勝つ・ブレイク・ミラクル・増殖・ビジョンプレ	
行動モデルの開発	トーク・ツール、仕事の計画性	
ゴールの設定	アーバン888、札幌コア商圏20%、広島生産性250万、岡山岡田さんになる!〜20件訪問	マネジメントシステムの設計（実行の指標と情報共有の仕組み）
業績を把握する仕組み	KPI、週間ヨミ売上げ計画表、月次版PL・C/F	
ナレッジ共有の仕組み	ホットペッパー通信、全国版元長会議、週間情報共有シート	
モチベーションを高める仕組み	サマーフェスティバル、癒しプラン、クリスマスパーティ	
評価システム	MVP表彰制度、優秀PC賞（金銀銅）、株価、査定データ	

じつは、実行していない

これでだめなら仕方ないと思えるまで練り込んだシナリオが必要なのだ。全体の流れはどのように流れていくのか？　どのような順番になるのか？　それはなぜか？　それらによって、働く人たちの一挙手一投足が決まっていく。

事業は物語である。

筋書きなき物語など存在しない。しかし、『サンロクマル』がそうであったように、シナリオがない事業は多い。かりに筋書きらしきものがあったとしても、絶対に勝てるシナリオがつくられていなければ意味はない。

バブルがはじけて顧客ニーズが多様化・複雑化していったとき、多くの経営マネジメントは判断に迷い、顧客接点の重要性を叫び、第一線が戦略を考えるなどとうそぶいて、シナリオを描く役割を放棄し、現場に押し付けた。

本来、マネジメントはシナリオを描くために存在しているのだ。

『サンロクマル』も、「飲食コンテンツが読者キラーコンテンツだ」と方針を出しても、営業は動かず実行しなかった。営業組織形態が業務委託だということも起因して、売りにくい飲食よりも売りやすいエステに向かっていた。

『サンロクマル』は怪しいエステ本になっていた。

苦境のなかで、飲食を無料掲載し、業務委託には原稿制作料を支払うという禁断の実に手を出して自滅した。営業マンも掲載するクライアントもお金をいただいてない原稿に工夫はなく愛着もない。リピートするはずもなく、売上げは立たずコストはかかる構造で事業が成り立たない。流通部数を削減し効果はさらに悪化した。

「有料で多くの飲食店から受注する」という行動が実現できていないのが問題なのであった。業務委託の人たちが実行する仕組みがなかった。

「戦略は正しいがどうしても結果が出ない。そして、戦略を練り直す」。そんなことを繰り返している事業は多い。特に経営企画室とかの中に現場を知らない「企画坊や」がいると延々と戦略を練り直し続ける。けれどじつは、決めたことが実行されないから結果が出ないことに気づかない。考えるなら、どうすれば「決めたことをやり切れるか？　やり続けるか？」を考え、行動レベルに落とし込むことを考えなければならない。

そんなバカな……と思うかもしれないが、じつは「実行しない」ことこそ、事業が成功しない最大の原因である。

大阪と札幌はどこが違うのか？

scene 2

『ホットペッパー』の初期は組織が3つの派閥に分かれていた。『サンロクマル』首都圏・関西系の8版とサンロクマル支社系の4版、そして『ホットペッパー』新版系3版の3つの派閥だった。

お互いに立ち上がり時期もやり方も違っていた。各々が自分たちのやり方を主張して譲らなかった。それは事業として戦略や運営を統一する動きへの抵抗に過ぎなかった。が、彼らが主張した最大のポイントは「地域によってマーケットが違う。したがって戦略も違って当然」という一見もっともなものだった。

大阪版の責任者が憤然と立ち上がって言い放った。

「大阪と札幌はマーケットもこれまでの戦略も違います。それをひとつのやり方に一気にそろえるのは絶対に無理ですよ、札幌には札幌のマーケットに合った戦略があり、大阪には大阪のマーケットに合った大阪の戦略があるのです、大阪のマーケットや現実をご存じないからそんなことをおっしゃるんですよ、現場に張り付いている僕らが一番知ってるんです」

仙台版の責任者も相槌を打つように、「仙台も札幌とは違いますしね……」

そこで説明を求めた。

「大阪は札幌とマーケットも戦略も違うのか。わかった。じゃ、お前の大阪のマーケットの戦

略を説明する前に、お前が違うと断言する札幌のマーケットと戦略を、お前が説明してくれ。そのうえで、大阪との違いについて聞こう」

もちろん、大阪の責任者は札幌のマーケットについても、戦略についても一言も説明できなかった。実際、彼は札幌のマーケットも戦略も知らなかった。それは知ることへの意欲の問題もあったが、比較して判断する基準を持っていなかったからだ。

「違うと主張するのに、相手のことを知らないで、どうして違うと言える?」

情報の共有ができていれば決して起こらない対立である。

情報の共有を阻害するのは「他を素直に知ろうとする気持ち」の欠如、そして、「知る機会」の欠如だ。

情報共有ができないこと、これが組織のコンセンサスを阻害して、事業のエネルギーを妨害する。

そのシナリオは、本当に伝わっているのか?

全体から見たシナリオの不在がそもそもの問題だった『サンロクマル』。とはいえ、その時々で事業をブレイクさせるアイデアやきっかけが皆無だったわけではない。組織全体でアイデアが共有され、心の底から信じられ実行されていれば、間違いなく突破口になっていたはずだ。

そのアイデアやきっかけがひとつのシナリオとなって組織全員に伝わって全員がいっせいに実行していれば、『サンロクマル』事業は春に新芽が吹き出すかのように大きく膨らんだはずだった。

けれど、そのひとつのシナリオすら組織全体に熱く伝えられることはなかった。「伝える」ことに集中しなかったからだ。

シナリオは、販元長会議やキックオフや分科会や研修やイベントや飲み会などなど、ありとあらゆる機会を使って、語り合い、議論し、言葉や数字や映像で伝えられなければならない。

営業も生産も流通も、社員も契約社員もアルバイトも業務委託も派遣社員も協力会社の人々も、その事業に関わるすべての人々にしつこいくらいに繰り返しシナリオを伝え続けなければならない。

仕組み化ができていない

悔しい、嬉しい、おもしろい、楽しい、泣いて、怒って、笑って、哀しみ、喜ぶ。あらゆる感情が心の底から湧き出す。そこまで、シナリオを伝え続けるのだ。

だが、戦略の大切さは理解され、手間暇やコストがかけられるのに、それを伝えるために手間暇がかけられることはほとんどない。

それは「伝える」意味と価値が十分に理解されていないからだ。伝われば組織メンバーの行動に意志と心が加わり、それが行動や態度に表れて、顧客や読者に伝わり、心をわしづかみにする。それこそが組織力になるのである。

伝える相手の目線に立ち、ていねいに、わかりやすく、繰り返し伝える。

「伝える」とは事業マネジメントの重要な責任であり、習得すべき技術である。

たとえば、新版を出すときの時間軸の設計の仕組み、ＰＬ組み立ての仕組み、組織人員設計の仕組み、オフィスのパッケージ化の仕組み、営業の仕方の仕組み、価格設定の仕組みなど、ひとつの理想的なパターンをつくることが仕組み化である。

それは、前にやった人が悩み苦しんで実現した成果を、同じことを苦労をせずに成果として実現できる仕組みである。仕組み化はもっと先のこと、次のことに知恵とエネルギーを集中して、新しい価値を加えることが可能になる仕組みでもある。

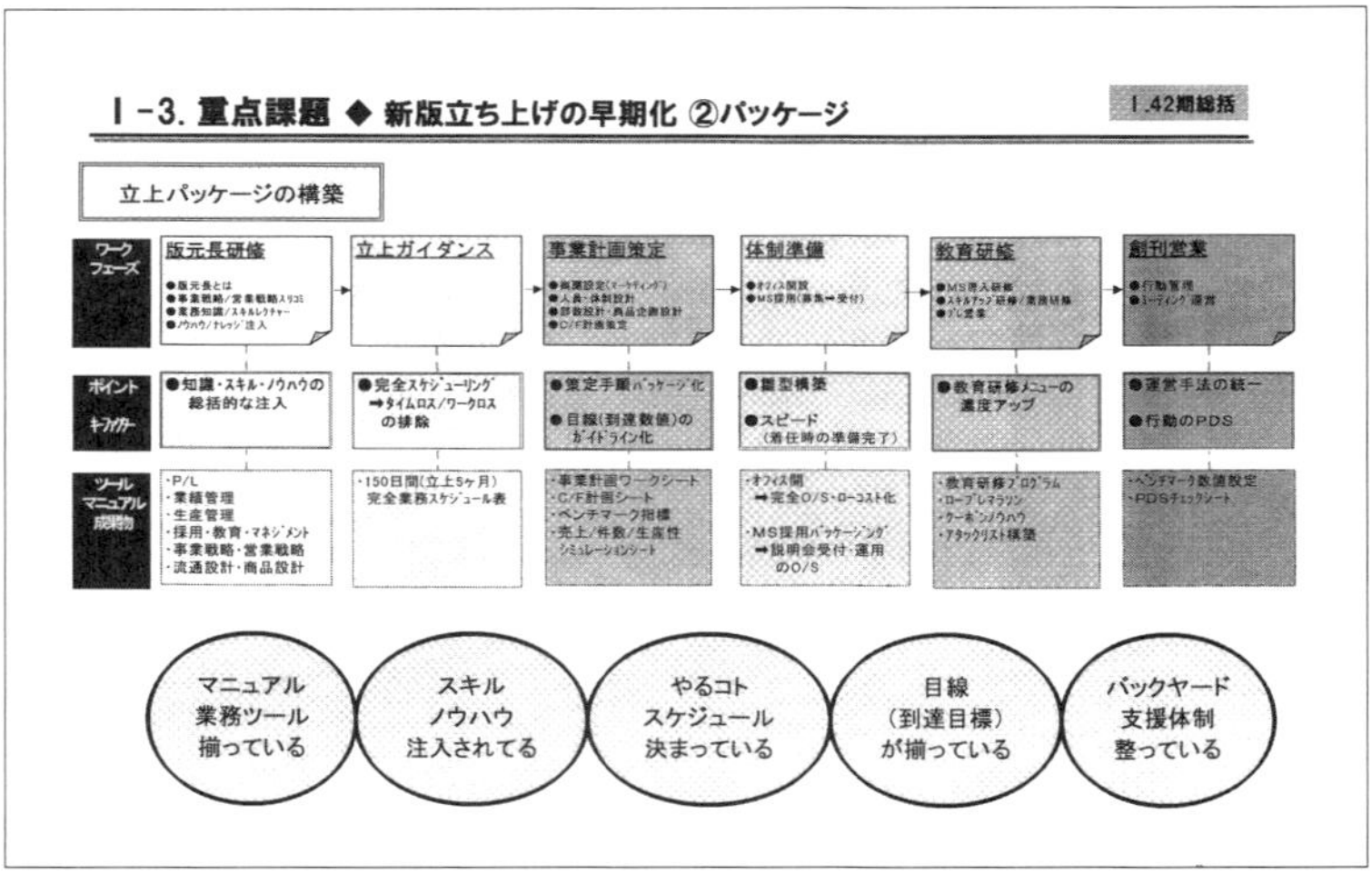

新版立ち上げのやり方をパッケージ化した図

『サンロクマル』ではその仕組み化に対して執着していなかった。大切なことは仕組み化して汎用化することなのだが、個人の特性になってしまい、個人のものであって組織のものになっていなかった。それが事業の成長や新版展開のスピードを遅くしてしまっていた。

仕組み化は情報を共有するしかけとなる。誰でも、同じように、簡単に理解し行動できるように汎用化するのが仕組み化だ。仕組み化はコミュニケーションを活発にして組織のコンセンサスをスムーズに創り出す。

また、仕組み化は人を育てる。

人を大切にして、人に依存するために仕組み化するのだ。

人のクリエイティブをさらに上位概念に引き上げるために仕組み化がある。

人がより高度な価値をつくり出すために、その価値づくりに集中して価値を磨いていくために仕組み化が行われる。

決して、誰でもできるようにして誰でもいい、人に頼らないものにしてはならない。それは仕組みとは言わない。マニュアル化という。この勘違いは多く存在する。その間違った考え方が仕組み化を非人間的なものと間違って理解させてしまう。

その勘違いは人の仕事をただの作業にすることで、商品サービスを腐敗させて、組織を崩壊させてしまう。

勝負していない

7年も赤字が続くと、失敗を恐れる習慣がつく。失敗しないためには革新的でダイナミックな行動をせず、部分的な微修正と改善を繰り返すことになる。失敗しない方法を一生懸命考え工夫する。

事業の目的が成功ではなく失敗しないことに摩《す》り替わっていく。『サンロクマル』は12版あったが、12のやり方で12の実験をし続けていた。

そのなかの札幌版のやり方に、すべての版を統一してオペレーションすれば劇的な変化がうまれたのだが、それをリスクととらえた。じつはチャンスであったのに……。

『サンロクマル』は「赤字の家業」から脱皮できなかった。「個の独自性」に縛られ「個を結ぶ」ことによるダイナミックな事業モデルをつくり、勝負しようとしていなかった。

サンロクマル事業はリスクを恐れてチャンスを失っていた。リスクを恐れて「ぼちぼちやる」ことを選択していた。意思決定を分散して責任リスクを分散し、誰が責任を取るのかを曖昧にしていた。

「リスクを負って勝負をかける」ことを決めるのは非常に勇気と思いっきりが必要になる。合議制の大企業で新規事業が大きくならないゆえんはそこにある。

大きな事業の画を描けば描くほどリスクは大きくなる。怖くて、怖くてたまらない。だから、勝負しない。事業がうまくいかない原因に「じつは勝負していない」ことが多い。

サラリーマンの世界では失敗しないことが大事になる。大一番の勝負をかけることは、大勝利するかもしれないが、大失敗するかもしれない。勝負をかけなければ大失敗はない。そして失敗さえしなければ大過なく過ごせて、やがて人事異動で次のポストへ降格することなく異動できる。

つまり、勝負していない。

他方、新興市場のなかで大きく成長した会社に共通するのは、オーナー経営者に度胸があることかもしれない。反面、オーナー経営者の無謀な度胸のために消えていった会社もある。

あとはその度胸の大きさで勝負の大きさが決まり、結果の大きさが決まる。

いずれにしても、成長した企業のオーナーは失敗しないことを考えているのではなく、成功することを考えている。サラリーマンとは事業に臨む発想が違う。

新しく事業をはじめることは現状維持とは異なる。覚悟して勝負をしなければならない。でなければ事業を大きくすることができない。小さな新規事業のままでいることは赤字であり、いずれ息が絶えることを意味している。

『サンロクマル』は覚悟して勝負に臨んでいないのだから、成功するはずがなかった。じつは、勝負していなかったのである。

すべてが見通せて、安全に確実にできるなら怖くはない。勝負するということはとても難しいことなのである。

scene 3

組織図には すべてが表れる

「組織図を見せてほしい」

着任してまもなく、僕は事業企画グループのマネジャーの財部にお願いした。

600名近い人数を抱える組織を預かることになる。社員はわずかしかいなくて、大半が業務委託の女性で構成される、リクルートでもめずらしい組織と聞いていた。それが、どんな組織図で描かれているのかがまずは知りたかった。

財部がプリントアウトした組織図にはヘッドクォーターと書かれたセクション名のもとに事業企画グループ、商品企画グループ、流通企画グループ、営業企画グループと記入されていた。それ以外は「版元営業」と書かれてあった。現在存在する16版の600人の名が入ったものはなかった。

「これだけ？　各地で働く業務委託の一人ひとりの名前の入った組織図はないの？」

財部は困った顔をして、

「版元長は自分の版元のメンバーは把握してますが、本部ではつかんでいません」

「そうか、組織統合したばかりだから仕方ないか……でも、大至急、全員の名前の入った組織図をつくってほしい。

それと、ヘッドクォーターと呼ぶのは止めよう、ここが頭なら現場は手足になる、そう言ってるのと一緒だよね。官僚的だよ」

財部は困った顔をして、

「じゃ、なんて表示しましょうか？　本部ですか？」

「ここが本部なら、現場は支部になる。それも違う。本部と呼ばれるべきは各現場の版元だからね」

「じゃ、なんて呼びましょうか」

「※東海堂と呼ぼう（※当時、テナントで入居していた東海堂ビルというビルの名前）。それと、別々のグループになっている事業企画と商品企画と流通企画と営業企画は統合してひとつにして統括グループにするから……。グループ責任者は僕がなる。よろしく」

組織図には事業のすべてが表れる。人に対する考え方や戦略やコミュニケーションがすべて表れる。事業を変えるためには組織図を変えることだ。事業の意思や戦略を組織図に明らかにすることだ。

階層組織は顧客のためではない

『サンロクマル』は職務で縦割りにされるとともに、役職・職位で細分化されてもいた。営業ラインは「営業マン、営業チーフ、編集長、フィールド・マネジャー、部長、事業部長」の6階層。スタッフ組織も「事業企画グループ、営業企画グループ、商品企画グループ、流通企画グループ」の4つに分業化されていた。

いずれも連動していなかったし、定義も曖昧だった。

それに、やたらと○○企画という名の部署が多い。肝心の実行に責任を負う人が誰なのかわからない組織になっていた。階層も多過ぎる。誰が決めているのかが曖昧だった。その実、誰も決めていなかったり、都合のいい場当たり的な決定が勝手に行われていた。

衰退期に入って喘《あえ》ぐ事業に共通するのは、複雑な階層を持つ組織構造である。どうして複雑になるのか。「権力の分化のための細分化」と「業務の専門化による細分化」が同時に起こってくるからだ。

事業規模が大きくなれば、組織も専門化、階層化しやすい。しかし、マーケットや顧客への価値提供のための専門化・階層化かというと、違う。意外に本当の理由は社内の昇進昇格にともなうポストづくりであったり、マネジメント・リーダーの能力キャパ不足での仕事の分業化が原因だったりする。

徹底的にフラットにつくり替えられた組織図（2001年当時マネジメント図）

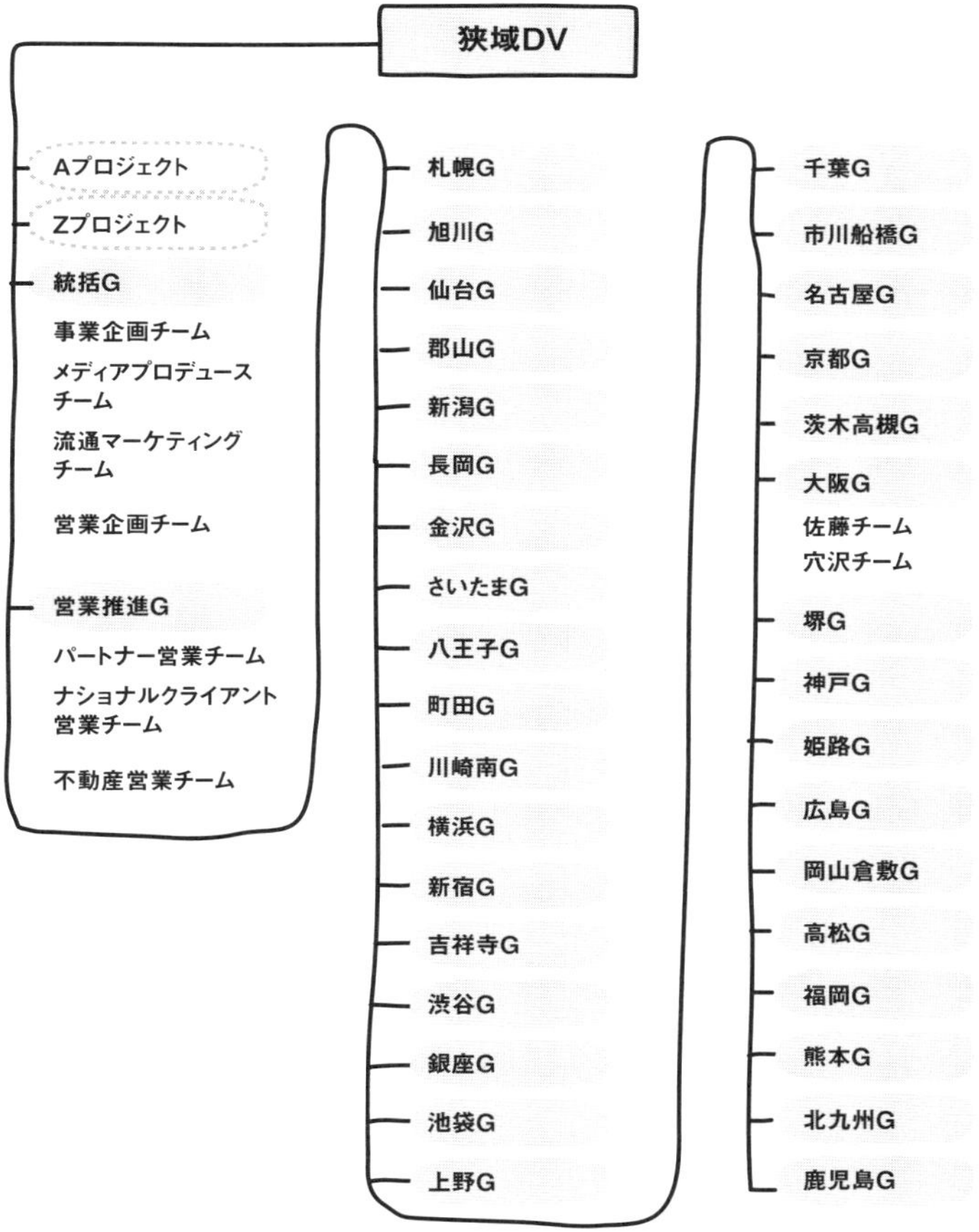

働くモチベーション設計ができていない

それは巨大組織特有の現象かというとそうでもない。不思議なことに規模はあまり関係ない。小さな組織でもわざわざ職位のヒエラルキーをつくって、権威をつくり出そうとして細分化してしまう。

組織の階層化はマーケットの要望によるものではなく、単なる社内の権威づけという社内事情の組織になっている。

しかし、その弊害は見逃せない。顧客と事業マネジメントの距離ができ、上司と部下の関係も遠くなり、ラインとスタッフの関係もぎくしゃくする。

そして何よりも、大切なことが何も決まらなくなる。

『サンロクマル』は、立ち上げコストが固定費として発生するリスクを回避するために、営業組織を業務委託という形態を選択していた。

それは、売上げが上がらないのに営業コストが膨大に膨らむリスクを会社が回避して、そのリスクを個人に転嫁する仕組みだった。受注に見合ったお金しか払わない成果歩合制の業務委託の営業組織体制だった。広告売上げが上がらなければ営業コストは発生せず、広告売上げが上がれば、それに比例して支払い営業コストが発生する仕組みである。

そして、「金を稼ぐ」ことを目的とした人の集団が出来上がった。

必要な人材が「集まる」組織をつくる

マネジメントしなくても、「お金を稼ぐ」というモチベーションがセルフ・マネジメントするので、「マネジメントコストもかからない理想の組織」という定義であった。

しかし、実態はそんな都合のいい具合にいくはずもなかった。

目的もビジョンも戦略も戦術も曖昧で、働く人自身がセルフ・マネジメントしてくれる組織などありえない。しかも、その人たちの働くモチベーションが「お金を稼ぐ」ことでつながれた一体感のある組織など成立するはずもなかった。

マネジメントが自らの役割を放棄してしまったに過ぎない。

業務委託という形態が悪いのではない、マネジメントがそのマネジメントを放棄した事が問題なのだ。リスクを転嫁したなら、それを上回る成長と成功の機会をマネジメントが提供しなければ働く人にとっては割に合わない話になる。

働く人々の働くモチベーションをいかに高めて、いかに継続するかはマネジメントの重要な役割である。

働く人のモチベーションを設計できない事業は必ず失敗する。

当初、社員はわずか60名ほどだった。

新規事業の『サンロクマル』には異能と無能が混在していた。

異能とは、すぐれた能力を持っているが、その鋭さや独創性ゆえに安定と協調を重視する既存組織のなかでは留まれなかった人たちだ。既存組織にとっては異端児だが新規事業にとってはその異能こそ宝物だ。

異能自体は問題ではない。真の問題は別のところにある。

新規事業がうまくいかないと、他の事業でいらなくなった人が人事異動で左遷されて異動してくる。本来ならば既存の組織で決着を出すべき人が、あたかもチャンスを与えられたかのように誤解をして異動してくる。

能力的にも人間的にも欠落し、スタンスも狂っている。

異能を束ね、無能を見切るという、もっとも困難な人材マネジメントが必要となる。

ところが、サンロクマルは異能にかき回され、無能が安穏と過ごす組織となっていた。

そんな社員が業務委託の人たちに信頼されるはずもなく、業務委託もまた烏合の衆と化していた。それは負け組の組織だった。

人材が集まってくる組織になるためには、求める能力や資質を明らかにして、組織のうちと外に対して発信しなければならない。そして、その組織に属することによって得られるものを明確にしなければならない。

『ホットペッパー』の場合は「冒険のＤＮＡ」と「見えないものを見に行くチカラ」だった。

「必ず勝つ」風土がない

そのコンセプチュアルなメッセージが、集めるのではなく集まる組織をつくる。

負けてきた人たちがいくら集まってきても勝つ事業を創れるはずがない。「勝てる、または勝ちたい」と思っている組織と、負けると思っている組織ではアウトプットは歴然とする。サンロクマルは失敗の連続で「勝ち方がわからない」というより「勝つ気がなかった」のだ。負けない努力はしていたかもしれないが、必ず勝つ努力は忘れられていた。負けても悔し涙も流さない組織になっていた。

エリートの集まりは、ある意味で勝つことに執着する。それは周りに勝って自分が昇進し、出世して偉くなるという勝ちにこだわるものがある。

『サンロクマル』はエリート社員の集団ではなかった。ある意味で達観した温厚な組織だった。個人の出世という「勝ち」に執着していなかったし、執着する自分を認めたくなかった。ただ、「個人の出世の勝ちにこだわらない」ことは許せるにしても、「マーケットに勝つ」「競合に勝つ」、「既成概念に勝つ」「自分に勝つ」という「もっと大きな勝ちにこだわる」組織でなければ事業の生存はあっても革新的な成長はない。

「必ず勝つ」という価値観が必要となる。

「必ず勝つ」が組織の合言葉に掲げられた。

第4章 事業立ち上げの仕組みづくり

『ホットペッパー』事業は、
すでに7年を経て収益化できない
「失敗事業の『サンロクマル』の再生」と
新たなビジネスモデルとしての
「『ホットペッパー』の高速多版展開という新規事業立ち上げ」
と2つの命題を同時に行わなければならなかった。

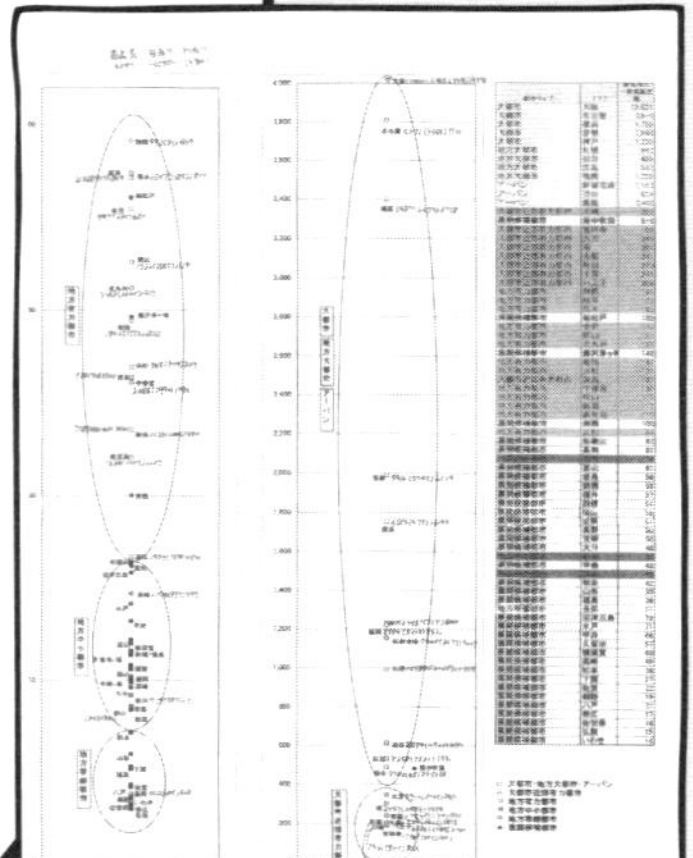

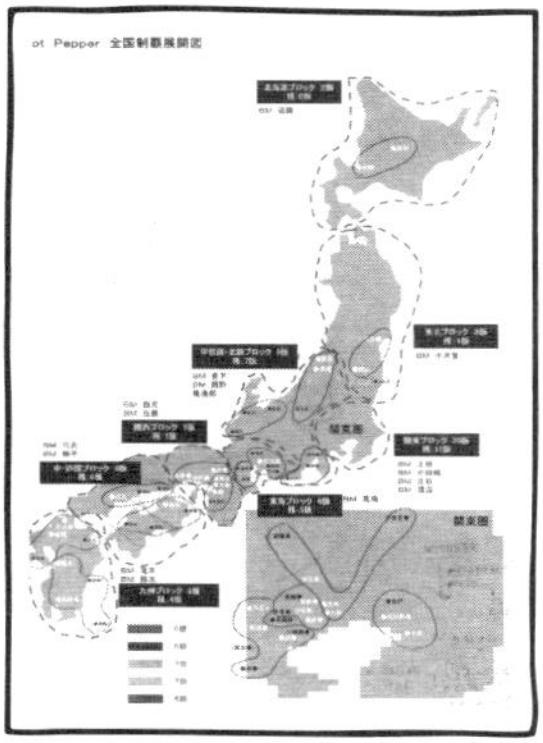

そして、全国100版構想を掲げた。
つまり、既存のモデルでの成功のシナリオが
スタート直後にはないままに、
新版展開をしなければならなかった。
何より問題だったのは、
マネジャーもメンバーも、スタッフもラインも
旧版も新版もみんな見ている方向や世界がバラバラだった。
その方法論以前に、視点も考え方も想いもバラバラだった。
その立ち上がりの時期に、
何を整理して、何を大事にしながら、
どのような手順で、どんな方法で
再生と新版展開を進めていったのか？
「視点をそろえ、流れを変えるため」の
前提条件となる体制やしかけや仕組みづくりについて
その方法を探りたい。

scene 4

“札幌のカレーは大阪のカレーの3倍も高いのか?”

依然として、版元長は自分のやり方に固執し、素直に他のすぐれたやり方に聞く耳を持たず、身勝手な自由を求めていた。各々が各々の考え方で商品サービスや戦略を理解していた。

視点がそろっていないなかでの事業戦略統一議論は、総論賛成各論反対状態だった。

事業として、『ホットペッパー』の広告掲載定価を、その発行部数を基準に全体での整合性をとれるように価格決定する議案も意思統一に時間がかかった。

事業企画からの価格案に対して、定価を決めることには賛成するものの、示された価格については異論が噴出した。札幌の販売実績を基準に設定すると大阪、京都、神戸、堺の売上げ実績価格が異常に低いため、定価自体が大幅な値上げになるからだった。

関西の版元長は言った。

「マーケットの規模の違い、飲食店の規模の違い、街の成り立ちや構成の違い、商売の商習慣の違い、版の創刊からの時間軸の違い、現在の取引実績の違い、いろいろな違いがあって難易度が違ってきます。それを考慮して定価を決めてもらわないと、これまでの取引実績が全部落

ちてしまいます。関西は定価をもっと下げてもらわんとやっていけません」

「大阪の商売は生き馬の目を抜くほどえげつないでっせ。そもそも、飲食店の売値だって、大阪は安売りですからね。安くせんと大阪じゃ売れんのですわ。それなのに『ホットペッパー』が値引きもせずに定価で、この価格じゃどだい無理でっせ」

そんな議論を想定して、中華・イタリアン・フレンチなどメニューごとに各版が1件当たりいくらで受注しているかの受注単価を算出して資料を用意しておいた。

当時、大阪のカレー店からの『サンロクマル』の広告掲載受注単価は1万円で、札幌のカレー店からの受注単価は3万円だった。その資料とデータを示して、

「じゃ、大阪の広告掲載料金は札幌の3分の1にするのか？」

「お客さまの実態や個別の事情が取引実績に影響すると言ってるが、本当か？

では、聞きたい。札幌のカレーは大阪の3倍するのか？」

「そんなはずはないだろ。

これは市場性の差でもお客さまの事情でもない、われわれ自身の戦略の差であり、意志の差である」

すべての問題は内にある 視点を共有する

大阪のカレーも札幌のカレーも定価はほとんど変わらない。それなのに広告掲載単価が違うのは、マーケットの差でも商習慣の差でもない。今までの違いは自分たち自身の既成概念の違いであってマーケットの差ではない。長年にわたって、今までの違ったやり方で出来上がっただけの実績に過ぎない。販元長は既成概念が崩れ、はっと気づいた。全員の目線がそろった。価格統合とワンプライスの導入が一気に動き出した。

実際は、自分たちの戦略や意志の差なのに、現状の結果を是認するために自分にとって都合のいい違うものさしを用意して、会議では議論がはじまってしまうものだ。それを許せば議論は混乱してしまう。「原因は自分にある」こと「共通のものさしを発見して共有する」ことで流れを変えなければならない。

原因は自分にあると認めることは勇気のいることだ。既存事業が事業革新を打ち出すときに一番大事なのは「自己革新」だ。『ホットペッパー』の場合も、今起こっているすべての原因は他の誰かが悪いのではなく自分に問題があると心から思えるかどうかにかかっていた。

自己革新は視点の共有によって生まれてくる。

視点の共有によって、根拠のない既成概念から脱却できる。そんな議論の空回りを許さない。そうすれば本当の問題に目が向きはじめる。比較して評価するのではなく、そこの違いを生み出す原因を探り出そうとする意識の転換ができる。

視点を共有することが事業のイノベーションへの出発点になった。目線がそろうことによって事実を素直に受け入れる土俵が生まれていった。

どの視点のどの数字が成功のキーになっているのか？　それが見えてきた。そして、その数値を上げるためのオペレーションプランの策定が可能になる。構成メンバーに対してその数値で説明することや共有のコミュニケーションを可能にするシナリオが見えてきた。

事業を数字で表現し、「なぜ?」を繰り返す

視点をそろえるために、さまざまな事実を数字で表すことが重要になる。主観的な私見を排除して、客観的な議論が行える。その特徴を数字で表すことで目標値も設定しやすくなる。

札幌版を除いて収益化していなかった。安定した売上げと、安定した反応効果と、安定した部数の流通を満たしていたのは札幌版だけだった。

販元長たちは札幌が抜きん出ている事実を見ても、なぜその事実が起こったのかを素直に学習しようとしなかった。ターゲット設定・コンテンツ設計・台割名称・営業方法・流

通方法などの事業としての戦略統一に向けた版元長会議は抽象的で感覚的で憶測に満ちた会話が飛び交っていた。議論が空回りした。

札幌版とそれ以外の版の違いを受注・流通・効果データの分析をして、数値で比較検証した。視点を整理して、それを数値化した。そこには驚くほど明快な事実が数字に表れていた。作為から説明するのではなく、数字に表れる事実から読み取ることが大切になる。数字を見ながら「なぜ？　なぜ？　なぜ？」を繰り返す。事業の実態を数字で表現するのだ。

もっとも成功している札幌には次のような特徴が数値で表れた。

●飲食店・居酒屋に集中→飲食比率50％

札幌版は広告売上げの50％以上が飲食店からの受注だった。それを、中華・フレンチ・イタリアン・和食などなどのメニューごと掲載件数・掲載単価・連続掲載率・反応効果を分析すると、フード50％・ドリンク50％の居酒屋が掲載件数も多く、掲載単価8万円と高く、連続掲載し、効果も安定していた。

●営業商圏が狭い→コア営業商圏掲載率30％

札幌版はすすき野を中心に半径2キロの中に掲載店が集中していた。コア商圏と呼ぶ街の中心の飲食街での掲載が徹底的に行われており、しかも、その中心地の効果が群を抜いて高くリピート率も高かった。他版が集客に苦しむ周辺エリアのお店に対してエリア特集を組んで受注を獲得し、逆に街の中心地であるコア商圏でのお店を獲得できていなかったのに対して、札幌版は集客に恵まれているコア商圏のお店の掲載にこだわっていた。

●クーポン必須掲載→クーポン掲載率90%

他の版がクーポンの掲載を必須条件にせずに掲載クライアントの判断にしていたのに対して、札幌版はクーポン掲載を必須条件にしていた。そして、営業マンがクライアントにクーポン戻り枚数と集客人数や客単価を常に効果ヒアリングしていた。顧客接点でクーポンの効果への責任を負ったコミュニケーションが日常化していた。

●20代の働く女性の動線を意識した流通設置と商品設計→オフィス配布率35%

ポスティングをしたり、派手な街頭配布をしたり、街頭設置をしたりする他版に対して、札幌版は職場のサポーターと呼ばれるボランティアの配布係を中心にしたOLへのオフィス配布を流通の核にして、コンビニ設置をも実現していた。

デザート・ヘルシー・キレイなど特にオフィスレディを意識したコンテンツを設計し、札幌のオフィス街で日中に働く20代女性30万人に届くよう部数設定を行っていた。

家業ではない、事業である

「版の運営を各々独自のやり方で版元長に任せる」。当初から『サンロクマル』は事業ではなく家業型の運営だった。

家業には家業のよさがある。ひとつひとつを手づくりする楽しさと、小さな失敗をしながらも試行錯誤すること、小さな成功を積み重ねながら、自分のアイデアや工夫が実現するなかで自分自身の存在の大きさを感じられる。それまでの版元長にとってはたまらない楽しさがあった。

しかし、一方で、ダイナミックな投資ができず家内工業的な枠組みから脱却できなかったり、版元長が代わるごとに方針が変わったり、成長に時間もかかっていた。売上げで報酬の決まる業務委託の人たちにとって、家業は不安定な状態だった。

商品企画機能や流通機能を集約して、事業化を急ぐ『ホットペッパー』の新体制は、変化を恐れる人たちにとって中央集権的で冷たく見えたに違いなかった。

そのなかであえてハッキリとその考え方を明らかにしなければならなかった。

「『ホットペッパー』は家業ではない、事業である、たったひとつの戦略に絞る」

家業のよさを生かしながら……なんて言わずに事業と断言した。

ダイナミックなシステム投資やブランディングを実行し、成長の規模の最大化と成長の

広大な海を見に行こう

時間軸を最短にするには事業としての道を選ぶことだった。

家業のいいところを生かして価値を高めたイタリア型ビジネスこそ理想の事業だと考えていた。しかし、あえて家業を否定することから『ホットペッパー』はスタートした。それは今までのやり方に訣別《けつべつ》し、抜本的に意識を革新するためだった。

ただ、家業のおもしろさを生かせる事業に『ホットペッパー』はできると確信していた。なぜなら、生活圏のサイズは家業のサイズだからだ。家業のサイズを積み重ねて事業にするのが狭域ビジネスそのものだからである。

現状はわかった。次に、緊急で重要なこと。それは潜在的なマーケットを数字で実証することだった。膨大な眠れるマーケットがあることに気づくことだった。これまでの実績数字や競合実績だけに縛られるのではなく、まだ見ぬマーケットを見に行くことだった。その海の大きさが数字で見えれば、航海の仕方やスピードが決まる。マーケットの数字をどうしても見に行かなければならなかった。

そこが新規事業の難しいところだ。見えないマーケットを自分で定義して数値化する。しかし、どこにも最初から都合よく世の中にそんな数値は用意されていない。さまざまな統計データから数字を拾い出して推測して数値を描き出す。時には手作業でデータを数え

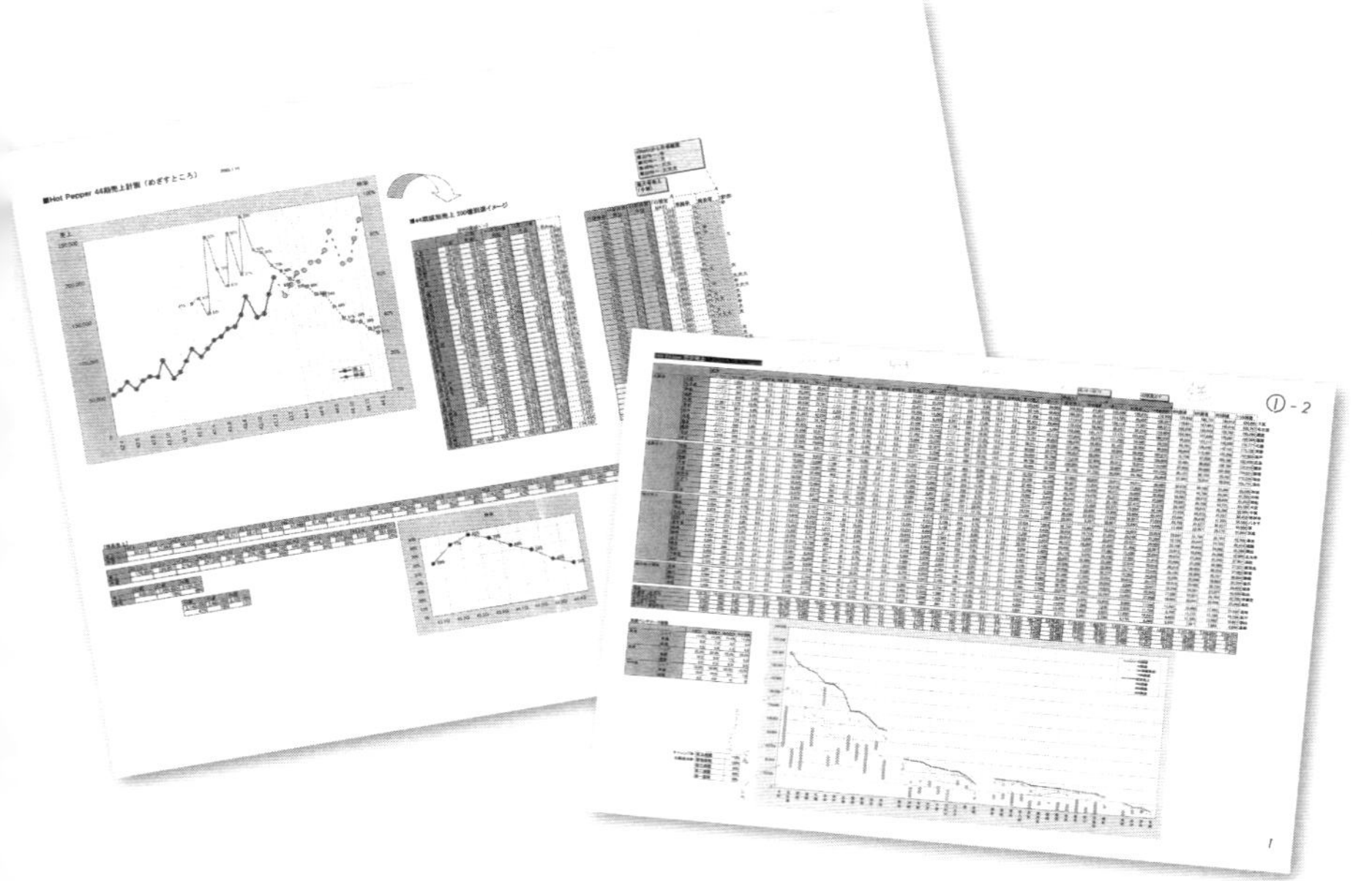

都市データを収集し分析して想定マーケットを予測し事業売上計画を策定した

て予測マーケット数値をつくっていった。

都市別にＮＴＴ登録飲食件数、飲食店売上げ、Ｆ１人口、マクドナルドの出店店舗数などをベースに都市を７つのタイプに分類し想定売上げを算出した。後にはそのデータを地図データベースに入れて町丁目ごと細分化した。ドラッグして円を描くとその円のなかでの数値を即座に出せるようにした。

停滞している組織は「自分たちは最善を尽くしている」と思っている。「前年よりも少しずつ伸びているじゃないか」「この事業はこれぐらいの規模で、その割に俺たちはよくやっている」そんなふうに思い込んでいる。そう思うことで、納得している。自らを納得させている。でも、考えている基盤は今自分が立っているその場所だけだ。

この保守的な既成概念を破らなければ革新的な成長はできない。そのためには過去との比較をやめることだ。過去と現在の比較ではなく、現在と未来の比較をすることだ。未来とは「そもそも、このマーケットはどれくらいあるのか?」から考える。

顕在的なマーケットの実態や競合比も大切だが、既成概念にとらわれず、改めて、「潜在的なマーケットを発見しにいく」ことが発想や着眼点を変える大きなきっかけになる。いかに自分たちの現在の顕在化した実績がちっぽけな結果であるかがわかってくる。

競合分析などでよく使う図の中よりも外を見るチカラが必要なのだ。さらに、会話の中身を前年比からマーケット比へ変えて、残存マーケットの大きさで常にコミュニケーションすることへ変化させることだ。

マーケットオリエンテッドな発想や会話が挑戦的な風土を生み出し、抜本的発想の転換を可能にし、事業のスケールやスピードを変えていく。

scene 5

剣道には小手・面・胴しかない

そもそも不器用な僕はすべてを型にはめて考えたかった。理想的な版モデル、新版創刊モデル、売上げ拡大の台割モデル、営業の売り方モデル、誰でもできるように汎用化したかった。

創刊当初から事業を引っ張ってきた版元長に上田博嗣という天才的な商売人がいた。彼はその直感と商売の嗅覚で実績を残してきた。なんでも、型を決めて、営業の方法も型を決めようとする僕に対して、上田は不思議そうに尋ねた。

「平尾さんは、じつは直観で判断してますよね、それを論理的に説明しているだけですよね。営業のやり方まで型にはめるのは平尾さんらしくないですよ。お客さんによって、営業マンによって営業の仕方は工夫とアイデアに満ちたものでいいじゃないですか」

僕は答えた。

「剣道には小手・面・胴の3つしかない。

戦う相手が変幻自在だから、技も変幻自在なのか？　そうじゃない。相手の攻撃には傾向があって、それに対応する技があるんだ。営業だって一緒だよ」

「そうですか……」

「マネジメントは要望することだ。自分ができないことを他人に要望できない。変幻自在にやれなんて要望できない。ましてや、変幻自在を教育もできない。だから、型を決めて徹底的に訓練する。剣道が毎日小手100本、面100本、胴100本稽古するように……。

メンバー全員がお前みたいな商売の天才なら型は必要ないけれど、そうはいかない。事業は団体戦だよ。全員の力を結集して勝つには毎日の稽古が必要なんだ。その稽古《けいこ》の型が必要なんだ。

一番大切なのは、間違った型をつくらないことだ。正しい型をつくることがマネジメントだと思う。そして、全員でいっせいに訓練して型を習得すれば、それが組織力になる」

上田は反論した。

「それって、人間の自由な創造性を阻害してませんか？」

「違う、基礎ができれば応用ができる。人間の創造性を最大のレベルに引き上げるために基礎の型を訓練するんだ。つまらない失敗や壁にいつまでもぶつかって前に進めないことこそ、時間の無駄だよ。それこそ創造性発揮の機会を失っていることになる」

上田はにっこり笑って言った。

「人間の自由な創造性を発揮するために型を決めるんですね。その背景の考え方が大事ですよね」

一本背負いで勝ちにいく

不思議なことだった――。大阪・横浜・神戸・京都など生活圏の人口が多く飲食店売上げも大きくてマーケット規模が大きいと思われる版の売上げ実績が安定せず、かつその売上げ額・売上げ伸び率も札幌を大きく下回っていた。売上げに占める飲食売上げ比率が低く、住宅・スクール・エステなどの非飲食からの大型突発受注が入るがリピートしない不安定な業績構造になっていた。巨大都市ほど危険な誘惑がたくさんころがっていた。新築マンションの分譲広告などの危険な誘惑に乗って単発の一発大型受注の罠にはまっていた。リピートせずに売上げは乱高下していた。

一方、札幌版は飲食売上げ比率が50%を占めて、着実に座布団を積み重ねるように売上げを拡大していた。飲食コンテンツで安定した売上げと同時に飲食コンテンツの充実度ゆえに安定した流通と効果だしを実現している。

札幌版を既存版の再生モデルとした。札幌版のナレッジを事業の型として決めたのだ。柔道で言えば、もっともわかりやすい技は何か?「一本背負い」である。札幌版を既存版の再生モデルとしたのは、これから「一本背負い」で勝負すること、その技を信じて徹底的に稽古することを決めるようなものだ。

そして、もっともＮＴＴの電話帳データでの飲食店取り込み件数シェアと単価と連続掲

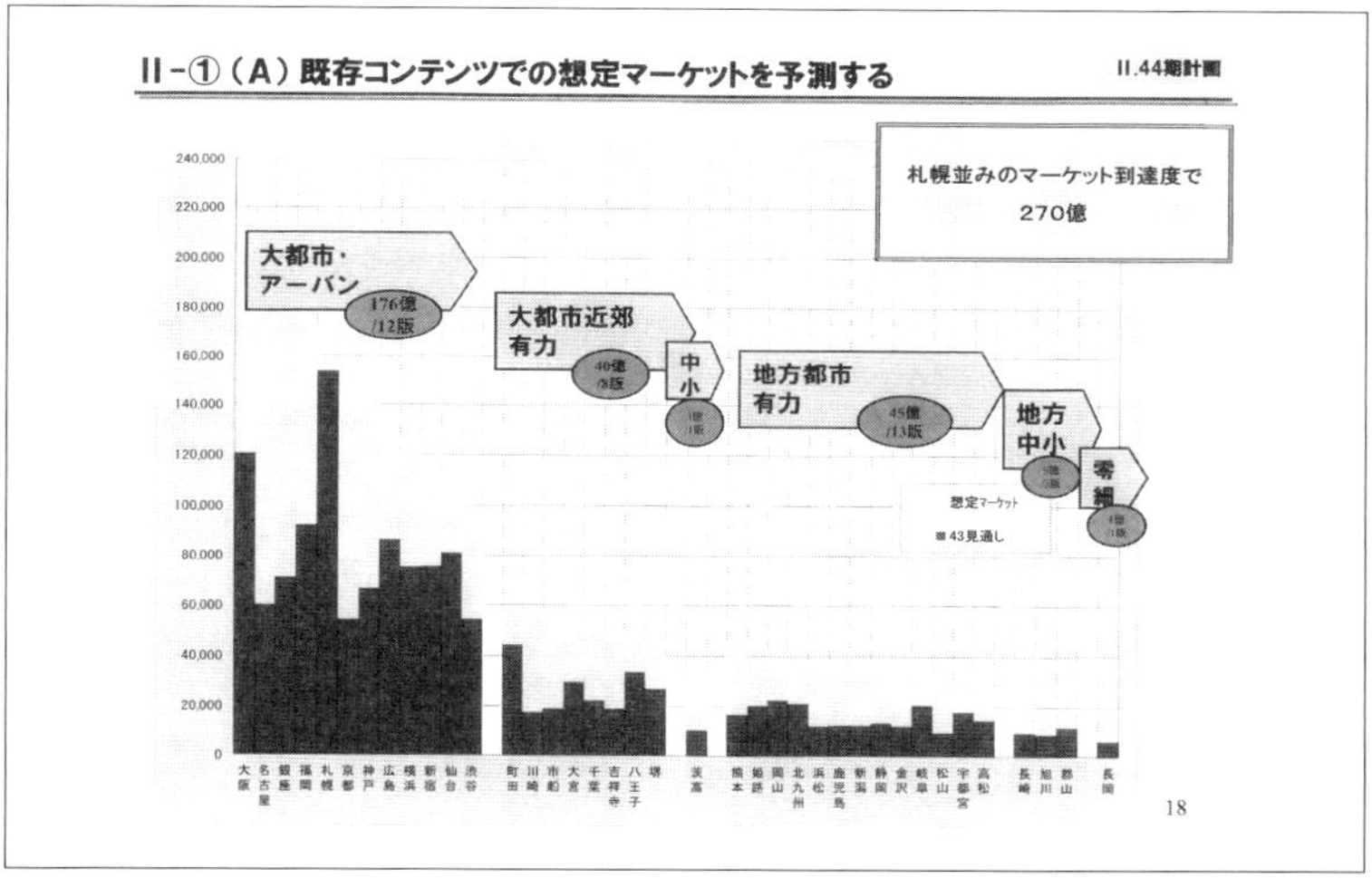

札幌を基準として想定マーケットと到達状況を把握する

載率の高い札幌版の数値を想定到達率としてすべての版の潜在マーケットを算出する基準値とした。緯度経度でいうグリニッジ天文台になる。その基準値をマーケット想定到達率目標として、そのやり方を「札幌版のナレッジ」として、「札幌版に学ぶ」体制を明確にした。「札幌版」という型をつくって、すべての版が「札幌版」を真似ることを事業として意思決定した。

事業として大きな流れをつくり出すには全員の目線をそろえるために、基準値を決めることが大切だ。しかも、その基準値は、自分たちの身近でリアルな存在で、負けたくないと思える存在でなければならない。「札幌にできて僕たちにできないはずがない」「札

構想力
見えないものを見に行くチカラ

幌版に勝つ」そんな言葉が生まれてくることが必要だ。ある意味でよきライバルをつくることになる。ライバルの存在が刺激となって共有という学習がはじまる。

事業として勝ちパターンを創ることだった。基準となる型を創ることだった。絶対に勝てる得意技を身につけることだった。毎日、身近に感じて、意識して、真似て、繰り返し訓練する技をひとつに絞って徹底して身につけることだった。

新版の場合は別の難問を抱えていた。新しい地域でいきなりオフィスを構えて編集部の営業やスタッフを新規採用し教育訓練し、流通設置ポイントを獲得し、営業戦術を立て訓練して、売って、原稿を制作して、印刷して、流通して、プロモーションして、効果を出してリピート営業へ……。

時間がかかればかかるほどキャッシュアウトが先行して累積赤字がかさばっていく。早く売上げを獲得してキャッシュインしたい。ただ知名度もない、初めて聞く商品で、掲載クライアントからいきなり正価で満額発注をいただくのは困難だった。

まず、立ち上がりコストを最小化するために、「組織発令から創刊までの立ち上がり期間の短縮」「オフィスのパッケージ化によるコストの適正化」「組織パッケージ化による人件費コストの適正化」「商品企画の絞り込みと印刷適正部数設計による印刷原価の低減」

を行った。

しかし、「早期に売上げ拡大を実現する」ことこそがもっとも問題だった。いくらコストセーブをしても成長しなければ新規事業は拡大できない。場合によっては積極的なコストセーブが事業成長の最大の妨害になる。効果的で効率的な最大コスト投資こそが早く立ち上がって、早く成長する、最短で最大のシナリオを可能にする。なさざる罪を犯さず、覚悟して計画投資をして勝負することを決めなければならない。失敗の恐怖に慄《おのの》いて過剰であっても過小であってもならない。

既存版の場合はお手本があるが、新版の場合は「見えないものを見に行くチカラ」が必要となる。それは構想力だ。拠点を構え、組織をつくり、創刊し、売上げを上げ、収益化していく1年間の事業創業シナリオを描き出す構想力だ。それは机上の空論ではなく、見たこともない、経験したこともないことをあるかのごとく描き出す力だ。それはたとえば新規のひとつのお店を掲載に持ち込むための訪問内容と訪問回数の設計、初回単発掲載に終わらず3カ月（3回）連続掲載を実現する方法。無料から有料掲載を実現する「ゼロ・半額・正価3号連続キャンペーン価格」という価格戦略の実現など、営業マンの営業行動の細部にわたるシミュレーションなど、こうすればきっと成功すると信じられる、バーチャルではあるがリアルな新版立ち上げモデルを描き出すことだった。やってみないとわからないものを、あたかもやってみたかのように描き出す構想力が必要だった。

きっと成功すると信じられる事業創業シナリオが出来上がった。

時間軸に置き直す

巨大な想定マーケットとちっぽけな現状実績、その差を時間軸に置き直して構想を練ることが大切になる。3年間で実現するシナリオを書くのだ。このワークをしていなければいつまでも絵に描いたもちになる。

3カ年の計画というより36カ月の計画と言ったほうが正確かもしれない。それを12カ月ごとにくくったものが1年目、2年目、3年目の年度計画となる。

マーケットと3カ年の整合性、3カ年と今期の整合性、今期と月次の整合性、月次と月次の整合性が問われる。そこに成長への高い志と実現への計画性が現れる。その月次ＰＬの売上げが個人の目標を決めるベースになる。

どこに売上げのヤマをつくりにいくのか？　それに向けて採用と人の戦力化を何カ月前から準備するのか？　そのコストはどのように月次で発生していくのか？　プロモーションコストは月次でどのように発生し、月次キャッシュフローの問題はバランスがとれているのか？　そもそも年次計画に事業成長拡大への意志はこめられているか？

事業の全体計画よりも版の単体計画が重要である。なぜなら、実行する当事者が意志を持ってデザインすることが大切だから。版の累積が事業の計画となるが、版の計画をなんのルールや基準や視点なしで自分勝手にデザインしてもらうわけにはいかない。版のリーダーが事業計画を考える指針と手順が必要である。

『ホットペッパー』では、自分の版のマーケットデータを見ながら、もっともマーケットシェアを獲得している札幌版の基準値データをにらみながら版元長は到達シェアを決めて、それを実現する売上げと件数を決め、それを実現する人員組織を決め、効果を出せる経費と原価を見込み、それが流れとして矛盾しない36カ月の月次PLを考える。

「自分で考えて、決めて、行動する」というプロセスを踏むなかで覚悟を決める。汗と努力と気合いと根性ではなく高い意志に合理的な納得性を加える計画である。

版元長という事業責任者に志の高さがうまれてくると同時に時間の概念と実行への各論と実現への責任と覚悟が形成されていく。

ひとつの版をひとつの会社に見立てて業績を管理した。版PLは毎月集計された。売上げ・原価・経費から営業利益まですべてが数字で表され、その版のメンバーに毎月説明された。毎月売上げと利益の成績表が出ることになる。

メンバーもまた単なる売上げ営業マンではなく、時間軸をもって事業をする商売人になった。スピードの重要性と儲ける構造とその必要性を理解していった。

scene 6

森を見て、木を見て、枝を知る

飲食店への新規営業が推進された。けれど、新規の受注は思ったように上がらず業績は芳しくなかった。版元長会議のなかでなぜ飲食店からの新規受注があがらないのかを議論した。

「今、現場の営業メンバーがぶちあたっている問題はなんだろう？なぜ、新規の受注に苦戦しているのだろう」

ある版元長は答えた。

「提案営業ができていないからです。飲食店のニーズを聞き出し、それに合った提案ができていないから受注があがらないのです」

「そうか、じゃ、想定ニーズを設定して、それに合った提案ができるように、営業トークと説明用のツールをつくろう」

さっそく、版元長が集まって、トークとツールの作成を行った。そして、その資料はまとめられて持ち歩けるようにファイルにされて、提案営業ファイルと名付けられた。

「じゃ、これを版元長がまず使って新規営業をしてみよう」

東京に集まった版元長は全員でいっせいに、銀座の街に新規飛び込み営業20件を自ら行った。

午後2時から5時までメンバーに日ごろ要望する20件を実際にやってみた。

午後5時半に版元長は続々と戻ってきた。

そして、口々に言った。

「提案どころじゃないですね……座って話どころか、立ち話もさせてもらえない。ニーズのヒアリングどころじゃないです。中に入れてもらえないし、話も聞いてもらえない。帰れ！って、追い返されちゃう」

「そうだよね。今、必要なのは、どうやって店の扉を開いて、最初になんて言えばいいのか？ずけずけと入っていって、どこの誰にどんな顔してどんな切り出し方で声をかけて、5分でもいいから話を聞いてもらう技術だよね」

「俺たちは木を見て森を見ず、森を見て木を見ず、木を見て枝を知らずだよね、森を見て、木を見て、枝を知らなければ戦術は現実から乖離《かいり》する」

「じゃ、もう一度、一からその型をつくり直そう」

科学的ながら、情に満ちた戦略

各論には強いが総論には弱く、点の積み重ねでしかものごとを考えられず、面や立体で全体図を捉えられないのは問題だ。また逆に、総論には強いが、単なる企画坊やで各論となるとまったく解決の具体策に実行のリアリティがないのはお話にならない。

『ホットペッパー』もまた、当初、せっかく森を見て、木まで見ているのに枝を知らないゆえに、無駄な営業を営業マンに強要しようとしていた。マネジメント目線でしか各論をつくっていなくてメンバーの目線に立った各論になっていなかった。メンバーの眼に映っているシーンを体感していなかった。

メンバーは自分たちの行動の合理性を求める。自分たちの行動が全体戦略のなかでどのように位置づけられているのか？　その行動はどのような根拠にもとづいて考えられ決められたのかを論理的に納得したいと考えている。

『ホットペッパー』では「事業を科学する」全体図をつくり、必ず全体図のなかの位置づけとその整合性と連携を明らかにした。商品企画と営業方法、プロモーション計画と営業トーク、流通企画と商品デザインなどが連携して設計されていることを全体図で俯瞰《ふかん》できるようにするためである。

汗と努力と根性とキャンペーンのマネジメントなど意味がない。戦略とは科学的根拠に

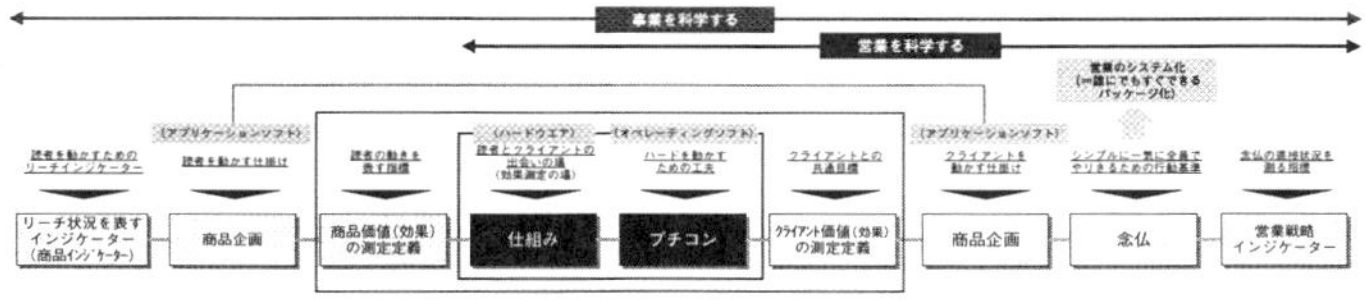

Hot Pepper

HP	飲食件数 ＩＮＤＥＸ件数 コア商圏網羅率 居酒屋件数 （　〃　率） １／９コマ件数 （　〃　率） はけ率 ＊設置－オフィス比率 ＊街頭配布比率	飲食台割 メニュー軸編集 宴会インデックスの設定 １／９コマ（料理＋雰囲気）の充実 Ｗクーポンの充実（宴会＋フリー客）	店舗当りのクーポン戻り枚数Ave 店舗当りの集客人数Ave クーポン１枚当り利用人数 ＺＤ率 総集客人数 平均客単価	クーポン	顧客の課題をクリアするクーポン内容の提案 写真・キャッチの原稿提案 メニュー提案	クーポン戻り枚数 集客人数 客単価	インデックス営業（飲食のみ） １／９Ｐ３回連続受注に１／３６のインデックスサービス	飲食 居酒屋 １／９Ｐ ３回連続受注 コア商圏 １日２０件訪問	飲食件数 飲食新規件数 居酒屋比率 １／９Ｐ以上比率 ３回連続受注比率 コア商圏取込率 訪問件数データ リピート率

事業を科学する――日々の行動と全体設計図を一致させる

もとづく、必ず勝つ道筋をつくることだ。「事業を科学する」ことなくして戦略はなりたたない。

　では論理だけでいいのか？　これも違う。理屈がわかっても行動しない。理屈で人は動かない。情で動く。「この街の人々を喜ばせる」「お店のオーナーを感動で泣かせてみせる」「このチームで勝って涙を流す」

　科学的で論理的な戦略プランの最後にこの情緒的なプランを加えたとき、それは理屈を超えて実行されるプランになる。

　勝てるとみんなが信じられる必ず勝つシナリオと、心を動かすシナリオが必要だった。「目標を数字で決めて、その意味と価値と込められた想いを説明する。そして、その数値を実現する毎日行う行動プロセス数値を決める」

個人の数字とチームの数字、マーケットの数字と事業の数字がつながったプランを説明すること、自分自身がなりたい姿、自分が実現したい姿と目標の数字が一致する瞬間だった。

そこには科学的だが情に満ちた戦略プランが存在する。

営業を科学する

他方、戦略を実行する要《かなめ》としての営業はどうか？

残念ながら、営業という業務プロセスは開発や生産に比べて圧倒的に非科学的である。汗と努力と根性とか人の10倍働けとか、１０００回訪問の末の受注が美談になったりする。古い考え方で支配されている。

営業ほど無駄が放置された業務プロセスはない。逆に、営業ほど改善の余地が残されているプロセスはない。営業を生産との関係や流通との関係や、宣伝との関係のなかで営業行動の設計を行ったり、その行動の中身を数値で科学的に証明することで、行動の意味と価値の組織理解が進み、結果がともなってくる。

たとえば20件訪問がある。

マーケットにある新規のお店、１０００件の15％に当たる１５０件を3カ月で獲得するには新規で50件／月、それを15人の営業マンが毎月3件の新規を獲得する計画になる。商談率10％　商談決定率25％　1件への複数訪問は3回、1人当たりの訪問件数20件×22日＝440訪問　440訪問÷3回＝146店　146店×商談率10％＝14・6店　14・6店×商談決定率25％＝3・6

だから毎日20件訪問が必要になる。ひと月に3件の新規を獲得するには20件の訪問が必要となることが証明される。

当たり前だが、訪問件数を上回る商談件数はない、商談件数を上回る受注件数はない。受注件数拡大には訪問件数の効率的・効果的最大化を実現しなければならない。

営業業績は顧客接点でのコミュニケーション力アップと有効的な時間管理による顧客接点の最大化の営業計画力によって決まる。この質と量の最大化をビジネスプロセスの中に位置づけて描き出すことが大切になる。

訪問件数と顧客満足度の相関関係、訪問頻度と提案内容のクオリティ向上、プロモーションと営業活動の連動などがひとつの構図のなかで、その関連性を整理し、流れとして描き出されること、これが「営業を科学する」ことである。

念仏を決める

『ホットペッパー』では、これまで、感覚的に議論されていたものを数値で明示し、その数値での特徴を明らかにした。そこで得られた戦略戦術はストーリーとして以下のようなものとなった。

「すべての版で半径2キロのコア商圏を町丁目で設定し、その商圏のなかから出ないで営業すること、営業のマンパワーリソースをその商圏に再配置した。その商圏でKPI数値を測定し、比較をすることとした。飲食店を営業対象に絞り、居酒屋を優先営業先として、20代のOLをターゲットにした商品設計と流通を行い、効果を顧客接点での共通言語にする」

大切なのは、その戦略戦術ストーリーが全員で共有されて、日々の行動で実現されることだ。全員の毎日の行動に表れなければ戦略戦術は絵に描いたもちになる。

そのなかで、後の営業戦略の中核となる「コア商圏・飲食・居酒屋・1／9・3回連続受注・20件訪問・インデックス営業」というコンセプトが生まれ、それを「念仏」と呼んだ。

「人通りが多く飲食店が集積する中心地を営業活動のコア商圏として設定し、飲食店のなかでも居酒屋にフォーカスして訪問する。情報量を確保できる1／9スペースを3カ月連続＝3回連続セットで受注する。そのために一日20件を必ず営業訪問する」

一人ひとりがその念仏を唱え、自分の行動がその行動基準から外れていないかを毎日のなかで確認できる、それが「念仏」だった。成功のコンセプトを日々の具体的な行動に落とし込むことが、もっとも大切なことだ。

仏を信ずることは「南無阿弥陀仏」を唱えることとしたことで、親鸞《しんらん》の浄土真宗は広く深く浸透していった。同じ意味で「念仏」なのである。

この念仏はご本社さまがつくった念仏ではない。札幌版という現場が実現してきた物語から整理加工されて生まれてきた念仏だ。自分たちの仲間たちが実現してきた念仏だった。

事業の戦略戦術が構成メンバー全員の毎日の行動に表れるものにならなければ、念仏の意味はない。戦略戦術が一人ひとりの行動に具現化しなければ事業は成功しない。日常性、具体的行動、いっせいに全員でやること、繰り返されること、シンプルなこと、これらが重要だ。

その意味で「コア商圏・飲食・居酒屋・1／9・3回連続受注・20件訪問・インデックス営業」は『ホットペッパー』の事業運命を決める念仏となった。それは事業の戦略などという難しい表現はなく、朝会でも、キックオフでも、表彰者スピーチでも飲み会の席でも、独り言やギャクや呟きや呪文として誰でも口ずさむものとなった。

四六時中口に出すこと、それこそが、念仏の醍醐味《だいごみ》なのだ。

scene 7

戦略じゃない、物語を聞きたい

「言われたとおりにやってきたつもりです」

「その場、その場でやれることはやってきました」

業務委託で働いてきた人たちは憤りと不安でいっぱいだった。

「最初は、『街のコンテンツ全部だ、花屋も自転車屋もリフォーム屋も全部だ。とにかく生活に便利な情報を全部載せるんだ』と言われました。だから、街のあらゆるジャンルの件数を集めるために、案内して回りました」

「次に、『とにかく売上げだ。売って来い。売上げ至上主義だ』と言われたから、エステにも不動産にも営業に行って売りました。でも、効果がなくてリピートしませんでした」

「そして、『飲食店の件数だ。タダでもいいから掲載してくれ。ラーメンもカレーもケーキも載せたい。原稿掲載料で金を払うから……』と言われて、私たちは頭を下げてお願いして、無理矢理飲食店を掲載しました。でも、何の効果もなくてもうタダでも嫌だと怒られました」

「そして、今度は『飲食店の居酒屋だけに営業しろ、しかも正価で』ですか？」

「いったいどうなっているのですか？」

「今までのことはどうなるのですか？」

「今、私たちはどこにいるのかもわからない」

「これから私たちはどこへ向かって行くのですか？」

「私たちはこれからどうなるのですか？」

切実な声だった。売上げの歩合で月給が決まる人たちにとって、もう事業の戦略なんて信用ならなかった。その場その場の話ではなく、大きな流れが知りたかった。

「もう戦略なんか聞きたくない！　会社の言う戦略なんかどうでもいい。いったい私たちはこれからどうなるのかを聞きたい」

なぜ負けたかを物語として説明する

『サンロクマル』のメンバーは事業に対して不信感を持っていた。業務委託で自由に働いて稼げると言われたのに、稼げなかった……、出来上がった本はエステばかりで自分たちがつくりたかった本ではなかった……、掲載クライアントからは効果クレームを言われ誇りを持って働けなかった……、『サンロクマル』はもうだめだと思っていた。でも、どうしてこうなったかはわからないし、自分には責任はないと思っていた。

事業の再生のときに大切なのは、なぜ今までうまくいかなかったのかを説明できるかどうかだ。個別の欠点を指摘するのではなく、全体のストーリーがどのように流れてどこで歯車が狂いはじめたのかを物語として話すのだ。誰が悪いというより、その瞬間、瞬間では正しいと思えることが全体図に当てはめて俯瞰し、時間の流れのなかで位置づけると間違っていることを、数字で実証しながらていねいに説明することだ。

なぜなら、一人ひとりはその時々で、自分のできる限りのことをやったつもりでいるのだから……。「でも、結果が出ない、どうしてくれるのよ」と思っているのだ。

関西の全メンバーを集めて、大阪版を例にとりながら「失敗の物語」を説明した。営業組織が飲食コンテンツに集中していないこと、飲食コンテンツを無料掲載したこと、営業業務委託の人への報酬支払いを売上げマージンではなく、原稿制作料にしてしまったこと、営業権を代理店に開放したこと、オフィス設置ではなく派手な街頭設置に走ってしまったことなどなど……、事業はこんな意思決定をして失敗していったことをわかりやすく時間の流れのなかで説明した。今起こっている現象や問題とつなぎ合わせながら、もつれた糸を一本一本整理して並べ直して説明した。

メンバーはその話にうなずきながら聞いていた。自分の身の回りに起こっている現実がどこからきているのかが見えていく瞬間だったのかもしれない。トップセールスとして知られていた神戸版の西洋子もその話に涙を浮かべて聞き入った。

悔し涙でもなく、うれし涙でもなく、何かが見えてきた安心感とこれから何かが起こるかもしれないという期待感の涙だった。そして、「次の話が聞きたくなった」と、話していた。自分たちの行動を時間軸で俯瞰して客観的に見るのが物語なのだ。それが見えるとわだかまりや意地や怒りが解けて、新しいものを受け入れる土壌ができる。そして、新しい物語を語りはじめるのだ。

次に向かうには過去の決着を出すことだった。過去の汚点を素直に認めて、わかりやすく説明して構成メンバーの理解を得ることだった。負けた理由を納得して一旦きれいに流してしまうことが大切だった。

「～すべき」が「～したい」に変わる瞬間

「われわれの商品・サービスは何か？」「何を実現したいのか？」われわれの事業によって世の中がどのように変わっていくのか？　新しい物語は大きな視点で語った。

そして、その実現のプロセスのなかで「あなた個人はどのような経験をして、何を手に入れるのか？」というあなたの個人の物語へつなぎ合わせていった。

世の中のために、

あなたの愛する街を元気するために、

街に生活する人たちがこの街を楽しむ笑顔を見るために、

掲載いただいたお店が集客でき、喜び、ありがとうといっていただけるために、

誰も知らなかったこの街で『ホットペッパー』がブームになって街を埋め尽くす。

自分たちのチームが力を合わせてそれを実現する。

誇りに思える仕事と仲間を手にいれて、

あなたは人間として成長していく。

縁あって、この物語にあなたは出会えた。

しんどいけど楽しい、苦しいけどおもしろい。

さあ、冒険にいこう。

「すべきこと」が「やりたいこと」で覆い尽くされる瞬間だ。「やらねばならない」が「やりたい」に変われば、苦しくても乗り越えられる。できるようになる。「自分を磨くこと」を惜しまなくなる。会社のためにとか事業のためにとかでもない、ただ単に、自分のためにという利己的なものでもない。

人は自分が必要とされ、何かに役に立ちたいと思っている。そして、それが影響力の大きなもので素敵なものであればあるほど心躍る。物語はその人の眠っているエネルギーを引き出してくれる。

事業の目的を明らかにしたうえで、具体的な戦術はシンプルに説明する。「将来は街の生活情報誌になる、効果の出せるメディアにするためにまずは飲食だけやる、それ以外はやらない、誇りをもって定価で売る、ブランディング投資をしてメジャーにする、この事業を信じ、この計画に同意する人たちだけでやる」

どうやるか？　なぜやるのか？　誰とやるのか？　新しい物語を語った。なぜこのように決めたのかを背景からていねいに語った。それは心震わせる企みだった。この新しい物語にあなたはもう名を連ねている。物語によって心が繋がる瞬間だった。

この事業は何か？　が明快に語られなければ組織は心から動かない。

それは俺のことか?

scene 8

版元長会議は紛糾した。メディアプロデュースの責任を負っている商品企画チームの瀬口が提案した新しい商品台割とその営業戦略について、営業現場の版元長から反対の意見があがった。

内容はすでに事業統括内部で十分検討したものだった。ただ、従来の考え方からすると革新的で、今までの流れを大きく変える提案だった。一気に実施に踏み切りたい事業統括側と現場を代表する版元長との間の溝が大きかった。

しかし、物理的にも、もう時間がない。強引に押し切ってでも実施に踏み切りたかった。

その時、ある版元長が言った。

「現場のわれわれがだめだと言ってるんです。会社はどこ見てるんですか? 事業統括は現場がわかっていない!」

その一言に、僕はキレた。

「会社って誰だ?

事業統括さんって奴がいるのか？
いったい誰のことを言ってるんだ？
お前が現場をわかっていないと言っているのは、俺のことか？」

事業部長と事業統括のグループマネジャーを僕は兼務していた。

「言っておくが、現場と統括スタッフを切り離して、現場がすべて知っているという言い方はやめろ！　『ホットペッパー』の統括は現場以上に現場を知っている。商品企画自体もまた現場なんだ。会社さんという奴も、事業統括さんという奴もいない。誰がわかってないと言っているのかはっきり言え」

その版元長は安易に「会社」「事業統括」と口走ったために、問題を曖昧にしてしまった。「誰に向かって何を要望するのか？」の「誰」が抜けたコミュニケーションは問題とは違う議論がはじまってしまう。

しかし、実際に、誰に向かって言えばいいのかがわからなくなっている組織は多い。

誰がバカなのかがわかる組織をつくる

シナリオができて、そのシナリオが受け入れられる土壌ができたら、一気にやるのが組織変更だ。そのシナリオが実現できる組織構造を劇的に一気につくってしまう。

それは、フラットな組織でなければならない。

「メンバー→版元長→事業部長の組織階層を3階層にする」「事業部長が統括グループ長を兼務し、事業企画・商品企画・流通企画・営業企画を統括する」

誰が上司で誰が大将かがはっきりしている。職務の責任と権限がはっきりした組織となる。根回しも必要なく方針の浸透も早い。もし滞るとしたらどこで滞っているのかは即刻判明する。

「会社は現場が見えていない」とメンバーが発言した瞬間に会社とは直属上司の版元長かその一階層上の、たった一人の事業部長になる。現場がわかってない会社のバカは版元長か事業部長ということになる。つまりフラットな組織とは、誰がバカなのかが誰の目にも瞬時に明らかになる組織である。これをツーステップ組織と呼ぶ。

複雑な組織と比較すればわかりやすい。

メンバー→チーフ→リーダー→編集長→版元長→フィールド・マネジャー→部長→事業部長とかになっていると、いったい誰が決めたのか？　誰がバカなのかがわからなくなる。

そして、みんなで「会社はわかってない」と言い続けることになる。会社とは誰なのかがわからないままに不満がたまっていく。誰が決めたかが曖昧なままに動いていく。最悪の結果に対して誰も責任をとらない。

商品とその売り方とその流通の仕方は直結している。その機能を分散してはならない。意思決定を分散してはならない。事業部長や販元長が専門スタッフの意見を聞いて、その首をかけて判断する組織にしなければならない。

どんなに大きな組織になってもこの「誰がバカかわかる」意思決定構造を決して崩してはならない。この一気通貫の組織構造単位を守りながら事業を細分化することはあっても、ただ単に組織構造を多層化し、専門化してならない。意思決定の分権化は絶対にしてはならない。

それは「マーケットと商品と組織をひとつにする」ことだ。マーケットへの責任や商品への愛着、チームとしての責任と一体感は一気通貫の組織構造でしか生まれない。これによって、組織に主体性が生まれる。セクショナリズムや官僚化が排除され、主体性とチームワークとスピードが実現できる。組織構造が内部調整型ではなくマーケットオリエンテッドで意思決定が正しく早くできる組織へ変革していくのだ。

チームを最小組織単位とする

『ホットペッパー』は鹿児島や旭川などの版元を編集部と呼び、それを最小組織単位とした。そして、その単位がチームだった。ひとつの商圏とひとつの商品に責任を負う組織が編集部と呼ばれるチームだった。そのチームを代表するリーダーが版元長だった。

版元長は商圏と商品とチームを与かり責任を負うことになる。

チームワークを創り出すためにも、最小組織単位をどこに置いて組織を設計するかは重要である。その単位となるチームは条件が一緒で比較できることが必要となる。

比較ができれば競争が生まれる。ライバルができる。対決が生まれる。ランキングができる。ライバルに勝つため、ランキングの上位になるための闘争心や執着心が芽生え、工夫やアイデアが生まれる。そして、より高いところへ組織を導くチカラが生まれる。

一部の個人の頑張りや個人プレーでは実現しない目標を持つ単位が、最小単位にならなければならない。全員がチカラを合わせなければ実現できない単位が最小組織単位にならなければ、チームワークは生まれない。

逆に、個人の頑張りがまったく見えないほど大きな単位であってもいけない。個人の頑張りが積み重なってチームの変化が見えるぐらいの規模でなければ、チームワークは生まれない。

誰かが倒れたら、みんなで補える。誰かがさぼったら穴があいてしまう。個人力ではできなくて、全員の力が集結したときに実現できる。そんな最小組織単位をチームとして設計しなければならない。

組織力を生み出したいなら、どのようにチームを設計するかにかかっている。『ホットペッパー』は20から30人の編集部を最小組織単位としてチームで戦うことを要望し、競い合った。

組織力を生む組織づくりのなかで、リーダーシップにすぐ目がいってしまうが、じつは、どんな単位をチームの単位にするかが、そのリーダーシップの前提条件として必要となる。なぜなら、チームワークとはリーダーとメンバーの関係性以上に、メンバー同士の相互関係性が大きく影響するからだ。

血流をよくする

会議態《たい》を決めて情報伝達のルートを設計することを急いだ。

「どの階層の誰がどんなタイミングで集まり、何をテーマに議論して決めるのか」が会議態である。会議態はものごとを議論して決める場に当事者として参加して、決定にプロセスに関与する重要な場になる。

『ホットペッパー』の会議態は3つしかない。版元長会議とスタッフ会議と全国各地の版元ミーティングであり。各々の主たる目的は、版元長会議は意思決定会議であり、スタッフ会議はその版元長会議に諮《はか》る素案を創るプランニング会議、版元ミーティングは、それら決定事項の背景を説明し理解を得るコンセンサス会議だ。

版元長会議は2週間に1度定期開催される。スタッフ会議は週に1度、版元ミーティングは3時間のロングミーティングは週1回で、30分のショートミーティングは毎日行われる。会議の日程と時間を事業としてすべて定期に決めて、不定期の会議は行わない。特に版元での夜の会議は禁止されている。

2週間に1度開かれる全国版元長会議の内容は会議終了時にはその決定プロセスも含めてレジュメにまとめられて、翌日には800名のメンバー全員にメールで配信される。その内容はあたかも版元長会議の実況中継のように行われる。誰が何を言ったのか、まるで自分がその場にいて意思決定に参加しているかのようにまとめられる。

そして、3日以内に版元長会議報告が版元長自身から版元ミーティングメンバーに直接説明される。配信メールとは別個に版元長自身が自分の言葉にまとめ直して説明される。「こう決まった」ではなく、「こんな意見が出て、自分はこのように考えて、全体の意思決定は賛否を経てこのように決まった」と説明する。メンバーは配信されたメールの行間を版元長の声と表情から掴み取る。

そこで出たメンバーからの声は直ちに統括へフィードバックされる。統括独自でどのようにコンセンサスが取れたかを直接メンバーへヒアリングも行う。伝え方のまずさも含めて、決定の背景まで理解されているかを確認する。

組織が停滞するときによく聞く台詞《せりふ》は「なんで伝わらないんだ！」「聞いてないよ！」の2つだ。情報が流れていない証拠であり、血流が悪くて汚れている証拠だ。酸素が体の隅々まで届くように、組織の血流をよくするための情報の伝達ルートと、早くて温かい流れづくりは事業マネジメントの責任である。

お前はメンバーを全員殺す気か

scene 9

「お前はメンバーを全員殺す気か！」

版元長の染川に対して言った。

彼はその卓越した商売のセンスと高い達成意欲で抜群の業績をあげ続けて、版元長に抜擢されたばかりだった。

彼自身がメンバーであったころから、彼の働き方は異常なほど仕事に集中し、自分の時間を仕事に捧げて、結果を出し続けていた。彼にとってそれは苦痛でもなく当然であり、自分のすべてをかけることが楽しくもあった。

物理的にも、時間的にも、精神的にも仕事に集中することは、彼にとって当たり前だった。

その彼が版元長というリーダーになった。自らの主義を15名のメンバーに強要した。

「目標を達成してない奴に休む資格はない、責任を果たすまで、土日も出社して営業しろ、お客さんも商売してるんだから……」

統括の見えないところで、サービス残業を強要するマネジメントが密かに行われていた。

たしかに、彼の版元は彼が着任するまでは業績不振版だったが、彼が着任すると急激に業績をあげはじめ、常に表彰される版元となっていた。

しかし、体調不良者や退職者が続出した。

「お前は勘違いしている。メンバーはお前の目標達成の道具ではない。お前はリーダーとしての役割が何かを理解していない。お前のやり方を強要するのがマネジメントではない。お前の役割はメンバーが最小の努力で最大の業績をあげる、成果をあげることができる仕組みをつくることだ。それができてから最大の努力を要望しろ」

「土日に出社しないと達成できないのは、メンバーの問題ではない、お前の見通しの甘さと戦略の誤りが問題なのだ。お前のマネジメント能力の問題をメンバーに転嫁するな。今後一切の超過勤務を禁止する」

仕組みのない業績オペレーションは自殺行為だ。数字が簡単につくれる楽しさを仕組み化すれば、その楽しさによってメンバー自らが自らのリーダーとなって、高い目標にコミットメントできる組織が出来上がる。

数字から逃げない組織をつくる

『ホットペッパー』は数字には厳しい組織だ。

数字を創る仕組みをつくっている。

プロセス数字と、48週ＰＤＳと、行動すれば結果の出る行動プラン、そして日々数字でコミュニケーションする組織風土である。

毎週月曜日に、先週の売上げ結果と累計目標達成率、先週のヨミとヨミに対する達成率、今週のヨミとヨミを含めた累計目標達成率を個人・チーム・版で集計されて統括に集められる。先週はどこの版の誰が達成し、誰が未達成なのかがすべて明らかになる。

そして、それを実現するためのプロセス目標である訪問件数は毎日集計されていく。

ただ単に、売上げなどの結果を数字として集計するのではなく、結果を生み出すプロセスの数字を重視した。それは結果としての数字よりも「数字を創る」ための数字を重視して、コミュニケーションすることで工夫やアイデアが生まれるからだ。

インデックス営業となれば、すべての版の掲示ボードにはインデックスの件数が個人ごとに貼り出される。目標を達成するための日々のトレンドがグラフに記入される。しかも毎日記入する。その数字は版ごとに集計され、全版の比較が行われ、どの版でインデックス営業が浸透し、実行されているのか、どこができていないのかがすべてオープンに表示される。

今月、今週のヒーローも明らかになるがワーストもはっきりする。毎日が数字でコミュニケーションされる組織風土がつくられていく。数字には意味があり価値がある、ということが当たり前になる。それが組織風土となる。

「とにかくがんばる」とか「一生懸命やる」なんてことは意味がない。「がんばる」も「一生懸命」も個人差がある。測定不能である。数字では嘘がつけない。やったかどうかがデジタルで明らかになるのが数字だ。だからマネジメントできる。

まず、誰でもできる仕事の仕組みをつくって、結果は「やったか？　やらなかったか？」だけだ。「やらない」「やる気がない」という問題に振り回されることなく「できない」という問題に集中して、できない原因分析と解決策の立案にマネジメントが集中的に関与できる。

数字でコミュニケーションすれば、数字に対する執着心とともに問題を解決しようとする工夫やアイデアが生まれてくる。数字から絶対に逃げない組織をつくらなければならない。

数字に意味と価値を見出す組織をつくらなければならない。

ヨミと意志で
業績オペレーションする

ビジョンも戦略もすぐれている。なのに結果が出ない組織がある。それは数字のオペレーションに問題がある。ビジョンの戦略もなくてもオペレーションさえすぐれていれば短期的には業績をつくることができる。

数字のオペレーションのやり方を見ていると、組織によって違いがある。

「上司への報告のための数字」「結果をまとめただけの数字」「学習するための数字」などなど、どの組織もなんらかの数字を集計しているが、その数字が生かされている組織と死んでしまった数字を後生大事にしているだけの組織がある。

大切なのは売った結果の数字ではない。いかなる意志を込めて目指す数字を立てて、それを実現するためにいかなる見通し持ち、いかなる手を打つかを計画することだ。そして、その計画と現実の結果がどれだけ乖離したかがわかり、その原因を考えなければならないことを要求する数字のオペレーションが大切だ。

それは馬なりの数字ではなく意志と計画の数字となる。それが生きた数字を創ることになる。

『ホットペッパー』では版元から毎週業績報告をさせた。先週末の累計売上げと達成率、先週のヨミとの誤差、意志との誤差、今週のヨミと意志、今週末での累計売上げと達成率、である。ヨミとはただの予定ではない。「ここまで必ず売ります」という経営との約束、意志とは「もっと高いレベルに業績を引き上げるために自ら設定する予測数値」だ。なぜ意志が大事かというと「根拠はなくても目指す」ことによって、それを実現化するための動きが生まれるからだ。

ヨミを外すのは論外だ。それは予測の甘さか、営業の商談づくりやクロージングの技術的な問題に起因する。それに対して、意志の誤差は掲げた意志を実現する工夫やアイデアの手を打たなかったこと、つまり戦略の問題になる。

まして、ヨミと意志の差がないのは、志がないか、最初から戦略を立てていないことを表明していることになる。

『ホットペッパー』の業績オペレーションは自分で計画する意志の高さと、その意志との誤差を生んだ戦略上の原因分析、次週に向けての対策を練ることを毎週行うことでPDSを1年で48回行うことだった。

『ホットペッパー』の業績オペレーションは「数字を創りにいく」動きを重視した。

scene 10

制度に合わせて事業をやるのか?

経営会議は緊迫した空気が流れた。

「制度に合わせた事業をやるのか？　事業に合わせて制度を変えるのか？　はっきりしてほしい」

河野栄子社長（当時）は答えた。

「そりゃ、事業に合わせて制度を変えるのよ。どうしてそれができないの？　人事はどうなってんの？」

その瞬間、『ホットペッパー』事業の拡大路線の道が開かれた。

それまで、借金返済のため人の採用をリクルートはほぼ中止していた。人件費コストの圧縮を徹底して行っていた。

『ホットペッパー』は売上げ倍増計画を出して実行しているなかで、人員の確保が急務だった。しかし、人事部からは社員の異動もなく、3年の契約社員の採用すら認可が下りなかった。労務リスクや社員採用との整合性とかいろんな屁理屈をつけて認めず、そのくせ、人の確保については一切の関与はしなかった。

人事部次長のセリフはいつも同じだった。「制度で決まってますから……」

ルールや制度を変える以外に道はなかった。

経営会議の場が勝負だった。業務委託での営業人員確保は困難で、正社員の雇用も認められ

ないなかで、３年の契約社員採用は最後の道だった。

この採用が認められなければ事業計画は空中分解する。

「なぜ人事部はできないの？　事業に合わせて契約社員の採用をできるようにしてよ」

人事部の責任者は、「はい、事業と相談して、採用を可能にする対策をとります」

新規事業の最大の抵抗勢力であった人事部との戦いはあっけない幕切れだった。

こうして、ＣＶ制度という採用システムを『ホットペッパー』は手に入れた。その後、この制度によって全国各地で優秀な人材を獲得できることとなった。

その後、契約社員の版元長登用、マネジメント決裁権の移譲へと事業に合わせて制度は進化していった。

採用システムが命綱だ

CV制度とはキャリアビュー制度であり、新卒、中途を対象とした1年ごとの契約で3年を上限とする契約社員制度である。リクルートの正社員の処遇と比べると低く抑えられているが、同年齢層の世間の給与相場からすると高く設定されている。

CV制度は優秀な人材をマーケットから獲得できる採用競争力をもった採用システムに設計されている。個人にとって、終身雇用こそ約束されないが、その働き方や成長の機会や、働く条件は魅力的に設計されている。

リクルートとしては人件費の長期固定化を防ぐ仕組みで、個人にとっては自分のキャリアを磨く機会である。個人にとって魅力的になるように給与、教育機会、3年終了時の退職金など工夫された制度である。当時、執行役員の本田浩之さんの命によりエリアカンパニー所属の井上智生が、支社過去10年の人材分析を行い当時の支社長の、田中浩嗣、天野徹、窪田英樹とともに1年間をかけて作成した雇用システムだった。

当時、東京・大阪・名古屋を中心に事業展開をしているリクルートの採用は東名阪への配属が前提で、地方への配属もなく、地方での人材確保の困難性も人事は理解していなかった。

支社のある札幌・仙台・広島・福岡地方は独自で採用を行うしかなかったが、その方法は「アルバイト」しか人事部からは認められていなかった。
まして、人口20万人の地方都市にまで事業を展開しようとする『ホットペッパー』には人材確保の道がないに等しい状況だった。やむなく新版展開も業務委託契約という困難な採用で臨むしかなかった。

そこに、ＣＶ採用が認められたのである。この採用システムは事業が生んだ採用システムであり、現場から遠い本社人事ではつくれない採用システムだった。この採用システムがなければ、今の『ホットペッパー』は絶対に存在していない。それほど、採用は重要な事業戦略だった。

くどいようだが、ＣＶ制度は人件費を低く抑えるための世間一般に理解されている契約社員とは一線を画している。だから、キャリアビュー職として呼び方も異なるものとして定義している。

事業にとって採用という入口を設計することこそ事業の仕組みづくりだった。

採るべき人だけ採る

新しいエリアに新版を展開するときに、創刊までの20～30人の戦力確保を10～20倍の応募者の中から、わずか1カ月で採用できる仕組みがＣＶ制度だった。それは何百名という応募の数の拡大と必要人材数の確保を可能にした。

しかし、それだけでは、質の確保は難しい。応募倍率が高いからといって優秀な人材が自動的に確保できるわけではない。そもそも自分たちの組織にとって「優秀な人」の定義がはっきりしていなければ選ぶこともできない。

採用には2つのミスがある。それは採るべきでない人を採ってしまうミスと採るべき人を採らないミスである。そのミスを犯さないためには、どんな資質と能力と態度をもった人間を探しているのかということが明確になっていることと、その素質を見抜く面接技術が必要となる。

それは仕事の内容はもちろん、事業の成長段階によって異なる。

CV採用システムをつくるにあたって、社内査定で優秀な評価を得ている営業マンが、信条としていることや、それを引き出すことになった過去の経験についてのインタビューや事業責任者が、自分自身の成長段階で大切にしてきたものや、部下に求める資質や能力とその根拠についてのインタビューを行った。そのインタビューに共通して表れた言葉を、キャリアビュー職として働く人に必要な資質と態度として言語化した。そしてそれを事業に必要なコアコンピタンスとして定義した。

しかも、その資質や態度を見抜くための質問の内容やその方法を明らかにしている。ハードウエアの制度だけではなく、ソフトウエアであるその運用が出来上がったことが、『ホットペッパー』の人材採用を劇的に変えた。

どんな資質や態度を持った人をどんな選考方法で発見し採用するのかが仕組み化できなければ事業にはならない。強くて大きな組織をつくるには契約社員であろうと派遣社員であろうと、いや、逆に限られた時間で働く人たちだからこそ、その資質や態度が自分たちの事業で必要なコアコンピタンスと一致していなければならない。なぜならじっくり時間をかけて変えていくには時間が短か過ぎる。したがって、徹底的にその資質にこだわり、それを持つ人材を見抜いて迎えいれていかなければならなかったのである。

3年といえども採用した企業としての責任がある。大切な時間である3年だからこそ働く人にとって価値あるものにしなければならない。それを実現する採るべき人だけを採る仕組みが出来上がった。

第5章

急成長のキッカケとそのしかけ

歯車が突然に回りはじめた。
それまでに築いた正しい型と仕組みによって、
次々と驚異的な成果が生まれた。
同時に、想定を超えたキッカケが偶発的に生まれていた。
想定を超えた個人力の発揮や驚くべきアイデア、
予想もしなかったチームとしての

凝集力や一体感が爆発的な成果を創り出した。
版元長飛び込み大会、
ビジョンプレ、
チームで戦う、
インデックス営業、
岡田奈奈恵行動モデル、
サマフェス……
『ホットペッパー』はその時々で偶発的に発見したものを
次々と仕組み化して
組織全体で共有できるように汎用化して実行した。
わかりやすくおもしろく事業にビルトインして
成長スピードに加速度を与えていった。
それが事業の役割であり、しかけだった。
それは「人の創造性をかきたてる」こと、
「学習する組織になる」こと、
「チカラを合わせる」ことそのものだった。

版元長飛び込み大会

scene
11

2002年の秋に第1回の版元長飛び込み大会が実施された。版元長が各版元の街を飛び込みで飲食店に営業し、その訪問件数を競い合う大会だ。それは、版元長が自ら率先して飛び込み営業を行うことで組織を鼓舞することだった。しかし、その背景にはもっといろんな意味が含まれていた。飛び込み大会実施にあたって、版元長全員に送ったメールにその意味と覚悟をつづった。

版元長の率先し、行動する必死の姿が、組織のメンバーの心を動かす。この日を境にリーダーはメンバーという味方を手に入れた。

差出人：	平尾勇司［yuji@r.recruit.co.jp］
送信日時：	2002年○月○日
宛　先：	版元長
件　名：	版元長飛び込み大会にあたって

「颯爽として」

平尾勇司

飛び込み大会である。

大会である以上、競争である。競争は記録（数値）である。

どれだけ訪問件数を獲得するかの競争である。

メンバーが注目して見ているのである。
日頃「1日20件訪問!」とか言っている版元長が
たかが1日とはいえ、メンバーはどれだけ訪問するのかを見ているのである。
意地でも圧倒的な訪問件数をこなして
颯爽としていたいものである。「華のある男」でありたいものである。

たかが飛び込み大会である。

メンバーは毎日訪問してる自分達とは訳が違うと思っている。

けれど、一緒に、同じことをやってくれる版元長を
「そう、そう、お前もやってみろよ!」と思う。

「そんなことで私達の苦しさが解る訳がない」と思う。

「でも、おもしろい!」と思う。

「一緒にやってくれる温かい人かも……」と思う。

「大変さを自ら経験し、知って、理解して、そのうえで要望を出すなら勘弁したろ!」と思う。

顧客接点は事業戦略の原点である。

訪問数をマネジメントしてるものが訪問数の実態や意味を知る機会である。

営業の実態やマーケットの声を直接知る機会である。

自らの戦略やマネジメントや教育を正しく行うための学ぶ材料がそこにいっぱいある。

されど飛び込み大会である
版元長はこの手のことには、こだわるべきである。
「まぁ、こんなもんでいいか」と思ってはいけない。
中途半端にせずに徹底してこだわってやりきることが大切である。
なぜなら、自分だけの問題ではないからだ。
その姿が組織全体へ影響するからだ。
そして、その影響の差が結果である業績の差に必ず表れるからである。

道場でリーダーを育てる

2週間に1度、全国から版元の事業責任者である版元長が東京に集まり、昼1時から夜の10時まで版元長会議が行われた。そこで事業の戦略やノウハウが生まれ、共有され、伝え方まで学習し、日本全国の版元へ浸透し、行動として実行された。この版元長会議は事業マネジメント層がひとつのチームになる役割も果たした。その事業マネジメントチームの一人ひとりの版元長が版元現場でチームをまとめる。全国に点在する版元現場と事業が一体となる。

版元長会議が事業運営の中核となって、『ホットペッパー』の成長の奇跡は実現された。

「最初は中央集権でやる。やれと言ったら絶対にやれ。でも、やれと言われているからやれと言われたとおりにやるだけのバカになるな。言っておくが、会社とはそんなバカを一生懸命量産する仕組みを考えているものだ」

「なぜやれと言われるのかを考えながらやれ、やれと言われる背景にあるものは何か？　を考えながらやり切れ。そうすればその構造がわかってくる。そして、やがて自分でその構造そのものを創れるようになれ」

初期に版元長会議で版元長たちに伝えたメッセージだった。乱暴だが、やると決めたことを必ず徹底して実行し、いかに短期で結果を出しながら、けれど、リーダーの「自分で

命名する。そしてみんなで学習する

考えて決めて行動するチカラ」を引き出し、リーダーとして育てることが目的だった。

「最小の努力で最大の成果の出る仕組みをつくって、最大の努力を要望する」のがマネジメントの役割である。単に目標の分配を決めて、後は応援団になって叱咤《しった》激励する、よき相談者に収まったり、起こった問題を場当たり的に解決していくのがマネジメントの仕事ではない。

マネジメントの最大の役割は仕組みづくりである。『ホットペッパー』の場合、版元長会議はマネジメントの役割開発を行う場でもあった。原稿制作技術の向上の仕組み、営業トークとツールの開発、想いを統一する会議運営スキルの開発など具体的ケースを出しながらマネジメントスタイルを磨いていく道場となっていった。

最初の型は「既存版成功モデル札幌版」と「新版立ち上げモデル」の2つだけだった。しかし、事業がさまざまな局面を打開し、成長し、進化していくなかで、リアルな成功が次々に生まれてきた。

それこそ事業のナレッジであり財産だった。それを組織全体で学習し、宣伝し、浸透させるために、実現した成功の要因を分析して、整理する。その成功に対して名前を与える。

自分たちのつくった結果がモデルとして命名され、賞賛され、広く浸透して、次の人たちの目標となり手本とされるのだから、それは刺激的で誇らしい。

敦賀裕之の創刊事業計画パッケージモデル「岡山版」
福島将人の新版創刊ベンチマークモデル「岐阜版」
穴沢忠の理想の組織変革モデル「大阪版」
松田成勲の助け合うチームワークモデル「金沢版」
近藤禎一の打倒競合のナレッジモデル「札幌版」
鈴木邦彰の顧客の喜びを自分の喜びとするモチベーション変革モデル「郡山版」
太田靖宏のアーバン型新版創刊モデル「田町・品川版」

無機質なモデルではなく、実に身近で温かみのあるモデルとなる。しかも、そのナレッジはどこの誰が生み出したのかがわかり、誰に聞けば学習できるのかもわかる。お手本として呼ばれる人たちはその理想の状態を守りつづけようとして持続性も生まれてくる。

それが、さらなる進化を生み出していく。

今までのモデルのすぐれたところを学び、そのうえでもっと結果を出すための工夫やアイデアが加わっていくからだ。一から試行錯誤する愚を犯さない。過去の成功を座布団にして積み重ねていく。梯子《はしご》を登るように着実に前に進める。それは他から学習する組織になると同時に、もっともっとクオリティの高いビジネスモデルを生み出していくチカラとなっていく。

命名は勲章である。他のチームの目標となる。身近にあるからこそ、「自分たちもできる、自分たちもなりたい姿なれる」モデルになる。おもしろく、可笑しく、可愛く伝わり広がっていく。だからこそ、『ホットペッパー』組織全体に浸透し、学習する組織が生まれていった。

scene 12

この大宮版を廃止する

「この大宮版は廃止してもいい、こんな商品と組織のままならもうやめたほうがいい。でも、皆さんにも責任があるが事業にはもっと責任がある。もう一度事業計画を皆さんにプレゼンテーションする。皆さんが賛成するなら一からやり直す、不賛成ならもう終わりにしましょう」

僕は新任版元長の武藤と一緒に大宮のメンバー10人の前でこう切り出した。

旧『サンロクマル』時代から数えると創刊から8年を経ても大宮版は赤字で累積赤字も3億近くになっていた。それよりも、飲食コンテンツの取り込みが進まず、怪しいエステの広告ばかりが並ぶ媒体になっていた。前任の編集長の奥さんが「こんな媒体を出している編集長の名前が自分の夫だなんて、恥ずかしくて近所に話せないわ」と言われるほどコンテンツは乱れて悪徳チラシ集のように、みっともない雑誌になっていた。

その1週間後に業績不振版である大宮版の事業再生プレゼンテーションが全メンバーを前にして版元長の武藤から行われた。「マーケットはある」「どのようにやればいいのかの戦略」「実現したいビジョンは何か」「そのためにあなたが毎日必ず実行しなければならないことは何

か」を説明した。そして、賛成か否かを問い直した。全員が賛成に手を挙げた。そして、一人ひとりにこのプランに対してどのように感じたかを意見として発言してもらった。メンバーはこう答えた。

「じつは恥ずかしかった。こんな商品をお客さまに案内して読者に提供している自分が……。こんな働き方をしている自分が恥ずかしかった。でも、このプランなら抜け出せる気がする。商品も働き方も自分もみんなも変われる気がする。それがうれしい」

誰よりもこの大宮に住んで生活しながらこの仕事をしていたメンバーが、今のままではだめだと自覚していた。抜け出すきっかけを探していた。

「このプランはあなたが選んだプランです。あなたがこのプランを実現することを決めたのです。私は責任を持って実現します。あなたも責任を持って実現してください」

武藤のこの一言でミーティングは締めくくられた。

これが当時業績不振から脱却するために大宮版で行われたイチかバチかの勝負のビジョンプレミーティングだった。その後大宮版の快進撃がはじまった。このミーティングが8年間迷走し続けたあの大宮版を一瞬にして変えた。これがキッカケとなり、それは、日本全国の版元でいっせいに実施された。毎年すべての版元で5月に定期で行われ、「ビジョンプレ」と呼ばれ、『ホットペッパー』独自のマネジメントスタイルへと発展した。

小さな経営意思決定会議 ビジョンプレ

大宮をキッカケに『ホットペッパー』では1年に1度「ビジョンプレ」を行った。版元長自らがメンバー全員を集めて、これから1年間の版事業計画を自分自身の言葉でプレゼンするのだ。それは版のマーケットや戦略やビジョンや版元長自身が実現したい姿や想いを伝える場になる。目標数値はもちろん、個人の行動目標、達成したときの街の姿、読者の姿、お客さまの姿、そして、ここに集まった一人ひとりの姿とチームの姿を版元長が想いをこめて語るのだ。

２００１年にはじめてビジョンプレを各版ごとに事業オールでいっせいに行う際に、ビジョンプレ実施の意味と手順を、僕は版元長にメールで伝えた。

ビジョンプレはさまざまの工夫が凝らされた。メンバー本人には内緒でお客さまのところへ版元長自らがビデオを持って伺い、お客さまからそのメンバーへのお礼と期待のメッセージをいただいておく。ビジョンプレの最後にそのビデオを上映する。お客さまの想いをリアルに知る瞬間だ。心のこもったお客さまからの「ありがとう」を聞いてメンバーは涙を流して心震わせる。ビジョンが形になる瞬間だ。

キレイな言葉が並んだよそ行きのビジョンではなく、身近で情感がこもったリアリティ

版元長のみなさんへ

平尾勇司

戦術プランの共有ビジョンと戦術プランのメンバーへのプレゼンテーションの実施について念のため確認します。これは「事業や商品や街に対する想い」と「それを可能とする数字のゴール」と「実現のための具体的実施案」をメンバーと共有することが目的です。飲食シフトや日常の訪問件数がなぜ必要なのかをみんなの腹の中に落とすためです。ビジョンと戦略という全体図を明らかにすることにより苦しい毎日の訪問件数という部分図の必要性を理解してもらうためです（やや単なるオペレーションとしての訪問件数管理が先行していることは問題です）。メンバーが「そういうことだったんですね。よくわかりました。やる意味が理解できました」と納得し、自らがそのプランを主体的に選択するというプロセスが重要です。経営会議にプレするつもりできっちりと企画書にまとめてメンバーに真剣にプレゼンテーションしてください。その企画書の行動や価値基準が皆のバイブルになることが大切です。

企画書の内容は

① 何を実現したいのか？（世の中・街・読者・クライアント・リクルート・皆さんの視点で）

② そのための直近ゴールは何か？（たとえば、飲食コンテンツの倍増・月間売上げ○○万円）

③ それが可能な根拠（マーケットデータ・他版事例）

④ それを可能にする戦術プラン

⑤ 皆さんが日常のなかですべきこと。

プレにあたって大切なのは「版元長の熱い想い」と「結果を出せるという確信」と「メンバーへの愛情」です。件数も増えてしんどくなる年末に向けて想いを統一できるかどうかの勝負です。これが成功しているのが岐阜であり、岡山だと思います。スキルや知識は後でこれについてきます。

チームで金メダルをとりにいく

のあるビジョンである。ビジョンプレは、組織のベクトルと、その方法を共有し全員のコンセンサスを得る、小さな経営意思決定会議だった。

事業の価値や意味を語り、その実現の道筋を語り、実現したときの姿を語る。事業の未来を語って構成メンバーの想いをひとつに束ねていく。『ホットペッパー』事業というサイズをもっと身近なサイズである、自分の街の変化や街の生活者の変化へ置き換えて伝える。それが版元長によるビジョンプレだった。

ところが、ここにもうひとつのスイッチが必要だった。全員がこのビジョンに向かうにはもうひとつの御旗が必要だった。それは、「一人ひとりの想いと行動が結ばれること」すなわちチームとしての一体感だった。「チームとして勝ちたい」。自分一人ではなく、皆で協力し合って勝ちたい。そんな想いだった。

個人のチカラを引き出すにはチームが目指すものが何か？　それがどれほど価値のあるものかがわかり、そのうえで、チームのなかでの個々人の役割や位置づけを明らかにすることだ。

個人の数字が全体のなかでどのような意味と価値を持っているかを明らかにする。一人ひとりがチームのなかで存在し、役割を担っている。頼り頼られ、助け助けられ、支え支えられている。この当たり前のことに気づくことだった。チームのなかの一員として必要とされ、責任があることが明確になればなるほど、個人は自分のチカラを最後まで仲間のために出し尽くそうとする。

事業として、全版元を対象とし月次業績をベースに毎月順位づけを行ってその1位・2位・3位をそれぞれ金賞・銀賞・銅賞として組織表彰した。この賞はチーム力を表す名誉な賞となり「金賞をとる」「金メダルをとる」という組織の共通の目標や価値観となった。高校野球の甲子園出場のように憧れの目標となった。

「チームで金メダルをねらう」ことでチームはひとつになり驚異的なエネルギーを発する。ビジョンプレでもっとも大切なのは互いを思いやれる熱い人間集団にできるかどうかだ。チームで金メダルをねらうのは結束にあたりわかりやすい目標となる。これが意思統一できれば、事業計画や戦略戦術に熱い血が流れ、最高のチームができる。

ビジョンプレは版元長が版の全メンバーを集めて「伝える」儀式だった。このチームや組織をどんなものにしたいのかをリーダーが自分の想いを伝える場であり、メンバーがそのプランに主体的に参加する場をつくることになる。版元長という組織のリーダーが理想の組織を自分自身で描き出す儀式でもあった。

『ホットペッパー』は「チームで勝つ」ということの大切さを「金メダル」として表現し、仕組み化したのだった。

scene 13

インデックスなんかいらない

『ホットペッパー』にはインデックス（目次・索引に相当するページ）がない。インデックスでページを割くのはコスト的に無駄というのもある。だが、そもそも検索ではなく発見のメディアだからだ。実際に読者は寝転がってぺらぺらとページをめくって行きたいお店を発見していた。

しかし、営業現場はお客さまから自分の店が見つけにくいからインデックスをつくってほしいという声を受けて、商品企画にインデックスをつくるよう要望してきた。

商品企画の責任者、瀬口は申し訳なさそうに言った。

「版元からの強い要望で、無視するわけにはいきません」

「インデックスがないと売れない、なんていうのは営業の言い訳だよ。本当の問題ではない。今事業が直面している本当の営業の問題は1／9スペース以上の連続売りができていないことだ。年間12回でそれを12月、3月、8月飛び月で受注したら、営業チャンスはそれで終わりになる。3回連続で提案して受注すれば4回営業チャンスがある。それができていないことが本当の売上げ拡大の阻害要因だよ」

「そうだ、じゃ、逆手にとって、1／9の3回連続受注に1／36コマのお店紹介インデックス

を付けよう」

「値引きをしない『ホットペッパー』が1／36スペースを飲食店さまだけに特別にインデックスとして無料サービスする。ただし、1／9スペース以上3回連続申し込みに限って……」

何気ないアイデアだったが、営業の要望もとり入れて、事業の本当の課題を一気に解決に導くプランだった。

版元長会議に巻頭飲食インデックスプランは提案され、版元長から「絶対売れる」という声が続出した。「1／36インデックスだけでも売れるから、定価をつけて有料で売りたい」という本質からずれた意見も出たほどだった。もちろん絶対に別売りは認めなかった。実現したいのはただひとつ1／9スペース以上の3回連続売り×4回受注だった。

これがインデックス営業と名付けられて、全国でインデックス受注件数が競われた。

インデックス営業は『ホットペッパー』急成長の引き金となった。

コンセプチュアルな言葉

戦略の浸透にはシンプルでコンセプチュアルな言葉が重要になる。『ホットペッパー』ではそれがインデックス営業だった。日本全国の個人とチームが「インデックス○○件必達！」とつぶやきながら、インデックスの件数を競った。インデックス件数目標を個人とチームで設定し、毎月、毎週、毎日その達成率を競い合った。

インデックスの件数が増えるということはとりもなおさず3回以上の連続受注が増えていること、スペースがアップしていることを意味していた。受注が座布団のように積み重ねで受注構造が出来上がり、業績が安定拡大することを意味していた。単発受注や小スペースでの受注が減少し不安定な業績構造から脱却していくことを意味していた。

戦略はエッジの利いた短いフレーズで表現されなければならない。

毎日の行動のなかで、誰もが今何をしなければならないかが明確で、それが数値として表記され、競い合う状態がつくり出されることが戦略であり、その戦略名がコンセプチュアルな言葉で表現されることが、戦略の浸透に重要になる。

戦略というとＭＢＡとかの複雑で、多面的で、小難しく練り上げられたものを考えるが、最終的には組織構成全員が理解できなければ、戦略の存在の意味はない。戦略は日々の行動に表れなければ意味がない。戦略は組織全体に浸透しなければ行動に表れることは

小さな1コマのなかに受注構造を劇的に変えるしかけがあった

ない。

　シンプルな全体図と日々の行動とそれを表現するコンセプチュアルな言葉が必要となる。それが戦略、念仏、コンセプチュアルな言葉である。『ホットペッパー』の場合のコンセプチュアルな言葉こそ「インデックス営業」だった。

　忘新年会インデックス営業、歓送迎会インデックス営業、夏の宴会インデックス営業と続き、3回連続受注を提案することで、年間契約の実績を創り出すことを可能にした。

　このインデックス営業戦略が『ホットペッパー』の業績を長期的に安定的に、けれど、劇的に拡大させた。

20件訪問件数マネジメント

インデックスの受注件数は個人とチームの結果数値である。それは、誰が結果を出していて誰が結果を出していないか、どのチームが結果を出していて、どのチームが結果を出していないかがはっきりと表れ、比較される。それが競争を生み出し、数字に対する執着心を創り出す。

しかし、その結果を実現に導くプロセス目標が重要となる。それが「1日20件訪問する」という訪問目標である。毎日20件の訪問を実行しているかどうかを個人と組織でマネジメントする。結果を導き出す行動を毎日マネジメントするのだ。

「件数じゃなくて、大事なのは何を話したか？　その訪問の内容だろ」という議論は意味がない。それは1日1件の訪問と1日20件の訪問とどちらが結果を出せる確率が高くなるかを考えれば明快だ。20倍とは言わないが間違いなくチャンスヒッティングの意味からも20件になる。また、教育的な観点からも20倍の顧客接点での経験を積むことになる。その経験が営業の工夫を生み、クオリティを上げる。だから、訪問件数が重要になる。

『ホットペッパー』の場合は訪問のクオリティを担保しながら行える効率的、効果的な訪問件数を、営業マンの日々の業務分析と結果を出している営業マンの行動分析から、20件という訪問件数を設定した。

岡田奈奈恵を見つける

結果目標を実現に導くプロセス目標を決め、毎日という時間軸で確認が行われる、それが組織の行動基準となり、やがて組織風土になった。この行動基準と行動マネジメントこそが、『ホットペッパー』を巨大事業に成長させた原点だ。一人ひとりの日々の地道な行動結果の集大成が事業業績である。それを、一人ひとりが納得感を持ち途切れることなく継続し、競い合う状態をつくり出すことこそ戦略であり、マネジメントである。

20訪問件数を可能にする時間管理の方法、
商談づくりの効率を上げるための営業ツールとトーク、
営業商圏を効率よく回るための行動プラン、
飛び込み営業で座って商談に持ち込む技法
など、成功のノウハウが個々人のなかにたくさん眠っている。

その眠っているノウハウを全員で共有する仕組みが大切になる。

それは、みんながそのノウハウを知りたいと思い、そのノウハウを持っている人がみんなにも伝えたいと素直に思える仕組みだ。ノウハウを発見してきて、その人にしかできないものではなく誰でも真似てできるように汎用化する。その人の名を冠にして事業としてそのノウハウを組織全体に宣伝し浸透させる。

菅波葉子の「新規飛び込み福の神営業」

岡田奈奈恵の「3年契約受注営業」

吉田采都子の「何屋プチコン営業」

これらはホットペッパー事業の伝説のナレッジとなった。

それは彼女たちの営業スタンスや方法を全員が目に見える形にすることだ。営業ビデオに収録して版の勉強会に利用したり、『ホットペッパー通信』という社内報で徹底的に検証して共有するのだ。

その成功している体験を体系化し、誰でもできるようにシンプルにパッケージ化する。

もっと大切なのは全員でいっせいに一気に実行することだ。そして、組織のブームにしてしまうことだ。それが勢いになり組織力になる。

自分たちが何気なくやっていた驚くほどの手法を、発見してあげて、名前をつけてあげて、組織全体に宣伝して、いっせいに真似をする。

それによって、みんなが自分の成功体験を組織全体の成功体験につなげたいと思う組織になっていく。

事業としては勝てるヒントを発見し、選択と集中で戦術にできる。

失敗する事業ほどいろんなことに手を広げ、いろんな人がいろんなやり方で実験を繰り返している。たったひとつのやり方に絞って全員でやりきることが重要なのだ。

ナレッジ推進室などつくっても意味がない、全員がナレッジの推進者になる仕組みこそが大事なのだ。成功ナレッジを共有する仕組みができれば、それは自己増殖しはじめる。『ホットペッパー』は眠っている成功ナレッジを発見し、パターン化して、名前を冠して憧れの型をつくり出すことで、ノウハウの共有と浸透と全員での実行を可能にした。

それはまず岡田奈奈恵を見つけることだった。

scene 14

断じて、サマフェスを実施する

「夏祭りをやろう」

毎日、深夜まで残業の続く統括スタッフは不思議そうに尋ねた。

「こんな忙しいときに、遊びの研修ですか?」

「強制にしないと、会社との心の距離のある業務委託の人たちは、業務委託契約をたてにきっと参加しませんよ」

「全員を集めてサマーフェスティバルなんて、交通費、宿泊費もろもろで、利益目標も見えないときに、経費的にもかかりますよ」

「自由参加だが、版元長にはどんなことをしてでもメンバー全員を参加させるようにしろと言え。参加率で版元での版元長のリーダーシップを測る」

統括スタッフは怪訝そうに尋ねた。

「そこまでしてやらないといけないことなんですか?」

「そうだ、この事業に所属した喜びを感じるイベントにする。楽しくて、おもしろくて、感動でキュっと胸が痛くなって、うれし涙が頬をつたうサマフェスにする」

「参加した人たちが版元に戻って、心わくわくしながらその感動を伝えたくなり、それを聞い

た不参加だった人が、行けばよかったと後悔するぐらい楽しくておもしろくて感動の涙がこぼれるイベントにする」

「業務委託の人たちとわれわれ統括スタッフとの間に今、信頼関係はない、それは疑心暗鬼から起こっている、コミュニケーションが不足している。われわれのこの事業にかける熱い想いを、メンバーに対する本気の想いを伝える」

「そして、その人たちの生涯にわたって記憶に残るサマフェスにする」

「だから、これは統括スタッフの重要な仕事だ、滅私奉公でみんなが楽しむしかけをしよう。そして、みんなが楽しむ姿を楽しもう」

「断じて、実施する」

２００２年の春の統括グループ会議で急遽サマーフェスティバルの実施が決まった。でも、人と人との関わり方に何かが起こりそうな予感が統括スタッフ全員にあった。

キラキラした目で言った。

「よし！　やったろう、感動させたる」

「どや、おもろいやろ」

サマフェスは1年に1度8月に、『ホットペッパー』に所属する全員が温泉旅館に一泊2日で集合し、ビジョンビデオの上映、宴会、版元対抗芸能大会、花火打ち上げ、2次会ディスコ・カラオケ大会、深夜まで3次会、そして翌日の版元対抗スポーツ大会、お昼のバーベキュー大会と徹底して遊ぶ研修だ。一応、会社の経費で行うので、芸能大会はプレゼンテーションを学ぶ、夜の宴会はコミュニケーションを学ぶ、スポーツ大会は闘争心を学ぶという研修プログラムということになっている。

その実施の1カ月前から社内ポスターでサマフェスへの招待状という告知がはじまり、日々の仕事の合間をぬって、版元では芸能大会の出し物の練習がはじまる。その間、業績数字が落ちるほどである。大変なイベントなのだ。

圧巻は『ホットペッパー』のメンバーのためだけに打ち上げられる花火だ。夏を忘れて仕事に没頭したみんなへのプライベート花火だ。ちゃんとプロの花火師を呼んで本格的に夜空に大輪の花火が打ち上げられる。

「わ〜っ、わ〜っすごい」感動で涙がこぼれる。

このサマフェスには重要な意味と価値がある。事業が目指す姿を全員で共有すること、それを実現しようとする仲間が日本全国に存在していること、日常では別々の場所にいるが共通の想いで結ばれた仲間が全国に800名も競い合っていること、その一員として自分がここに存在していること、苦しい毎日の仕事を乗り越えて今ここに集まっていること、そして、次の商戦期である忘新年会に戦う決意を固めること、何より、この事業に所属する喜びを仲間とともに感じることだった。居心地のいい場所を見つけ、一緒に楽しむ仲間を見つける。

事業はおもしろくなければならない、事業をおもしろくする工夫を怠ってはならない。仕事そのもののおもしろさはもちろんだが、「ほっ」とする瞬間や「ここにいてよかった」と思える瞬間をつくることが大切だ。それが、所属の喜びとなり事業への誇りとなる。

「どや？　おもろいやろ！」

「どや？　楽しいやろ！」

と聞いて、

「楽しい！　おもしろい！」と組織構成員が目をキラキラ輝かせながら答える、そんな組織をサマフェスは創り出すキッカケとなった。

来年の仕事での自慢できる成果を持って、またの出会いを誓って、メンバーはそれぞれの地元へ戻っていった。後日行った参加者アンケートにはサマフェスの感動と、事業への信頼と統括スタッフへの感謝の気持ちがつづられていた。

心と体の流れをつくる

5月にビジョンプレを行い、夏の宴会「行きつけの店」発見新規訪問キャンペーンの実施。8月にサマーフェスティバルで一堂に会して遊び親交を深め、9月からは3カ月の長丁場の年間最大の商戦期の忘新年会営業へ突入する。12月25日にはまた全員が集まってクリスマスパーティでこの1年の成果を共有する。年末年始はお客さまへの1年のお礼と新年ご挨拶訪問を新年グッズを持って行い、春の歓送迎会営業をはじめる。そして、歓送迎会営業の終了する3月末には、年度の終了を締めくくりイベントとして、各版ごとに独自でプランを立てて旅行する癒しプランが実施される。

山あり谷あり、激戦あり遊びあり、集中あり休息ありである。要は仕事のメリハリが大事で、強弱の流れをつくるのた。人間はどんなに強靭であっても全力疾走をずっとは続けられない。マラソンの練習でもダッシュとジョギングと休憩を入れながら走る。試合のなかでも勝負をかけるときと待つときと耐えるときという流れがある。この流れをうまくつくるのが名監督なのかもしれない。

働くみんなの置かれている状況を理解して、その苦しさや辛さやしんどさを思いながら、心が奮い立つように、楽しくなるように、流れとその材料をつくっていく。

たとえば、サマーフェスティバルは芸能大会あり、打ち上げ花火あり、表彰式あり、ビ

コミュニティが建設的なコミュニケーションを生む

ジョンビデオの上映あり、スポーツ大会あり、バーベキュー大会ありの大スペクタクルアミューズメントイベントだ。この1年間の競い合った成果を持って集まり、互いを賞賛し、次の出会いを誓う。全国に自分の仲間を見つけて、共に仕事する仲間が全国に存在することのすごさと、その一員に自分がいることの所属の喜びを実感する場になる。次の出会いが楽しみで、恥ずかしくない成果を持って集まりたいと思う。

新年の挨拶訪問は年末年始でお客さまも慌ただしい。特に年末は忘年会で多忙だ。その時に営業が訪問するといやな顔をされて、申し訳ないという気持ちにもなる。けれど、行かなければ、なぜ来ないと言われる。だから、お客さまが喜んで楽しくなって幸せになるグッズをお届けに行く。福の神になってグッズを届けに行く。早く届けに行きたくなるし、届けに行かないとお客さまに悪いと思う。

そんな、想いを時間のなかで描き形にしていく。

「どうやるか?」にはやりたくなるしかけが必要なのだ。「〜ねばならない」「〜すべき」を「したい」に変える仕組みがイベントであり流れである。

すぐれた仕事を行った人などを紹介する事業内の社内報である『ホットペッパー通信』、3カ月に1度定期に事業の全員が一堂に集まって戦略の共有を行い、その後で懇親パー

ティするキックオフ、1年に1度夏に全国のメンバーが集まり1泊2日で一緒に遊ぶサマーフェスティバル、達成会・団結会・反省会・残念会・歓送迎会などと銘打って頻繁に行われる飲み会などなどあらゆるコミュニケーションの機会を意図的に設けた。

上司と部下の関係のみならず、先輩や同僚や後輩の関係を全国にわたってつくり出していく。版という小さな世界が日本全国にいっぱい存在して、そこに働く人たちが全国で自分と同じように頑張っている。日本全国に友達をつくれる。

『ホットペッパー通信』で紹介されていた憧れのすごい営業マンと直接会えて一緒に酒を酌み交わしながら話ができる。自分で自ら目標にしたい人を見つけて自家発電しはじめる。すぐれた人から素直に学ぶ風土が生まれていく。

こんな話がある。

ゼロックスがかつて修理技術のナレッジがどこで行われているかを調査するために、あらゆる場所にカメラを置いて調べてみた。もっとも高度で価値ある情報共有は、上司への報告でも、会議室のなかでもなく、なんと喫煙ルームで行われていた。タバコを吸いながら雑談をしている何気ない相談とアドバイスのなかに驚くようなナレッジが存在していた。

その何気ない情報共有を意図的にしかけていく。そのためのインフォーマルなコミュニティをフォーマルなしかけのなかで生み出していく。キックオフのあとの飲み会や会議のあとの懇親会を事業として積極的に促進するフォーマルなしかけのなかで生み出されたインフォーマルなコミュニティは建設的で向上心に満ちたコミュニティになっていく。閉鎖的な組織にこそ、愚痴の言い合いやネガティブなコミュニティが陰で生まれていく。だからこそ、マネジメントがあえてオープンなインフォーマルコミュニティの生まれる土壌をつくっていくことが大切になる。

scene 15

ぶち込んで使わせろ

宣伝・広報担当の錦織は不安そうに言った。

「静岡から上がってきた年間広告宣伝プランでは反応効果をあげるだけのインパクトがないと思うんですよ。版元長は利益を出すためにこれ以上の宣伝予算を組めないって言ってるんです。反応効果をあげるためにもっと積極的に手を打たないといけないのに……」

僕は尋ねた。

「創刊２年目の静岡の目標の売上げ伸び率はどれぐらいで出してきてたっけ？」

「効果に不安があるみたいで、伸び率は50％アップで、新版２年目としては平均以下の伸び率になっています」

「そうか、じゃ、意地でも広告宣伝費を使わせろ！　東海堂の命令で使わせろ！　静岡は目標利益を達成するために経費の調整に入っている。縮小均衡しようとしている。今の静岡に必要なのは積極果敢な攻めだ。圧倒的な効果を出せる媒体づくりだ。だから、静岡の広告宣伝費を東海堂主導で大幅拡大しろ！」

「それって、いいのですか？　利益目標をいかなくなっちゃいますよ」

「いや、利益目標は達成するよ。広告宣伝費を使ったから達成しませんでしたなんて言わせない。広告宣伝費を使えば、経費が上がる、それでも利益を達成するには売上げ拡大しかなくなる。

強い媒体をつくって、自信を持って営業する。そして、売上げ拡大を実現して、利益目標を達成させるんだ」

「なるほどね……そういう考え方ってあるんですね」

「錦織、宣伝担当のお前の役割は、強い商品をつくるために、売上げを拡大して事業を成功させるために、販元の事業計画に強くコミットして、正しい販促計画を販元長に立てさせて、実行させるのが仕事だ。

だから、意地でも使わせろ！　勝負させろ！　そして突破させろ！」

「は～い！　勝負させちゃいます～」

クーポンマガジンと命名する

２００２年２月某日、電通の山崎さんに初めて出会った。

「見事に編集されています、これは編集された本です。だからこれはマガジンなのです。なぜマガジンと名乗らないのですか？　これは、クーポンマガジンなのです」

それは、「クーポンマガジン」と『ホットペッパー』が新たに命名された瞬間だった。

その２カ月半後には、日本全国にＣＭ「スパゲティ食べたでしょ」編は放送されて、雑誌でもなく、フリーペーパーでもなく、クーポン集でもない新しいメディアジャンルを開拓する道を歩みはじめた。「クーポンマガジン」とは、世のなかに新しい価値を提供しようとしていた『ホットペッパー』事業にとって、うってつけのネーミングだった。まったく新しいメディアの世界を切り開く覚悟が決まった。

ブランドデザインは事業マネジメントの重要な役割である。事業理念と商品と商売をもっとも理解している事業が主体的にブランディングを行わなければならない。商品・サービスの開発の現場を知らない、顧客接点での商売の実際を知らない、事業が実現したい世界を知らない宣伝部がその広告手法の目新しさだけで、ブランドデザインをしてはならない。

ブランドには「希少価値」と「価値の保証」という２つの意味がある。「価値の保証」

売上げ拡大に直結する一気通貫ブランディング

の場合は、世の中に発信したいイメージが、商品でも、営業顧客接点でも、流通の場でも実現されていなければならない。電波で流れる商品のイメージと実際の商品が異なってはならないばかりでなく、顧客接点での営業マンの対応や、取引先との面談でも異なってはならない。

　ブランドづくりが独り歩きしてはならない。ブランディングによって実現したい世界を開発・営業・生産・流通のビジネスプロセス全体で共有し、各々のプロセスで行う行動と連続していなければならない。

『ホットペッパー』では、プロダクトデザインについても、宣伝のCMソフトについてもビデオコンテの段階で版元長会議から版元メンバー全員に伝えられ、共有し、コンセンサスをつくりながら進められた。メンバーは新しいメッセージが世のなかに伝えられることを心待ちにして、その時に自分が何をすればいいのかを考えてプランが用意されている。『ホットペッパー』というブランドは事業に参加する全員によって創られていった。

「スパゲティ食べたでしょ」のCMには目的が2つあった。

『ホットペッパー』の認知度を劇的にアップして、街の人たちが手に取って持ち帰り、そして、クーポンを切り取ってお店にやってくることで反応効果をあげて掲載クライアントのコスト・パフォーマンスをアップさせること。

もうひとつは、その大プロモーションを切り口に新規取引やリピート取引の拡大で大幅な売上げ拡大を実現することだった。

特に後者の実現のために、制作も営業も流通もそのタイミングに合わせて準備をする。たとえば営業の人員体制の拡充からはじまり、営業シナリオの作成、営業ツールの作成、営業トークとその訓練、流通部数拡大戦略などが着々と進められる。営業ツールについても、商品メニュー表と別個にプロモーションメニュー表がつくられたり、ハンディカメラでCMソフトを掲載クライアントに見てもらう体制をつくったり、プロモーションに合わせてクライアントからクーポンを使ってきたユーザーに配ってもらうプレゼントを用意したりである。

全国2万店舗に用意したおみくじキャンペーンは、掲載クライアントを巻き込んだ大プロモーションとなった。お正月明けに、お店に来店したお客さまに、その場でくじびきをしてもらって商品が当たる、お正月らしいしかけだった。

『ホットペッパー』の営業マンがおみくじセットをいっぱい肩に担いで飲食店を訪問する、掲載クライアントはその大変そうな姿を見て、「がんばってるね！」と言ってくれる。「新年会の商売繁盛応援してます」と営業マンは応える。

掲載クライアントとともにゲームを楽しむようにプロモーションをする。そして、そんな『ホットペッパー』を掲載クライアントはおもしろいと思ってくれて、がんばる営業マンを可愛いと思ってくれる。そして発注していただけて、『ホットペッパー』は売上げ拡大できる。

一気通貫で売上げ拡大である。ブランディングコストが何十倍もの売上げとして返ってくる。売上げとして返ってくるように事業をデザインしていたのだ。

それは、売上げ拡大という目標を営業も、企画も、宣伝も流通も一気通貫で一緒になって力を合わせて実現しようとするムーブメントを創り出すことである。

第6章

顧客接点づくりの仕組み化

「プチコンする」

コンサルティングではない。

飲食店を経営したこともないのに、

コンサルティングなどできるはずがない。

立地だとかターゲット設定だとか、

店の内装デザインだとか投資PLだとかの

アドバイスなどできない。
われわれができるのはただひとつ。
そのお店のよいところを発見し、
それを限られた広告スペースのなかで表現して、
ターゲットの20代の女性に対して伝えて動かすことだ。
だから、プチコンサルティングである。
「ティング」と付くだけで生意気に聞こえる。
だから、可愛いく「プチコン」と呼ぶ。
みんなでお客さまに言おう。
「プチコン一緒にしましょ!」

「このまま、路地裏のちっぽけなお店のままでいいよ」

scene 16

岡山版で営業をしていた難波珠美は『ホットペッパー』の仕事をつづけるかどうか迷っていた。自分の仕事に自信を失っていた。自分の会社の上司に何度も相談した。本当に自分のようなタイプが『ホットペッパー』のなかでやっていけるのか？　役に立っているのか？　がわからなくなっていた。

「じゃ、最後に、直接お客さまに聞いてごらんよ」と熱心に慰留をしてくれる上司に言われて、自分が2年前に新規で取引をしていただいて、そのまま今も担当しているお店のオーナーにあって、その迷いを相談した。

そのオーナーは静かに聞いて、そして、言った。

「だめだよ！　辞めちゃ！　難波さんがいなくちゃ困るんだよ」

「僕は、今はこの路地裏の小さなお店をやってるけど、いつか、表通りにもっと大きなお店を開きたいんだ。それが僕の夢なんだ。そのときに、難波さんがいないと困るんだよ」

「難波さんに手伝ってほしいんだよ！　一緒にやってほしいんだよ」

「もし、難波さんがいなくなるんなら、僕はこのまま、路地裏のお店のままでいいよ」

難波は涙がとまらなかった。驚きで何も言葉を返せなかった。

こんな私をこんなに必要としてくれるお客さまがいる。感謝で心がいっぱいになった。そして、今まで、私はそのお客さまの想いや期待に本当に応えてきたのだろうか……応えよう、それが私の喜びだから……。

自分は何のために働いているのか、何を喜びとしているのかを発見した瞬間だった。

それは、事業が目指す顧客接点が実現した瞬間でもある。

「プチコン」顧客の喜びを自分の喜びとする仕組み

もしそれがコンサルティングなら、われわれがやらなければならないことは飲食業界の広くて深いコンサルティングができるスキル知識の習得とそれを実現できる優秀なコンサルタントの大量獲得と育成になる。しかしそれでも、リアルな経営経験もないコンサルタントがコンサルティングできるはずもない。それは不可能だ。

あえてプチコンと限定して、表現領域に絞り込むことでわれわれはプロフェッショナルになれる。お客さまに対して得意な領域で価値を提供できる。

われわれの提案でお客さまは喜び、その喜ぶ姿が自分の存在価値を感じる瞬間となる。そして、もっと喜ぶ姿を見たいと思い提案する。お客さまの満足とわれわれの満足がひとつになっていく。プチコンは間違ったコンサルティングにならないように、その領域を4つに絞り込んでいる。

原稿表現プチコン
クーポン内容プチコン
集客スケジュールプチコン
メニュープチコン

原稿表現プチコンは「キャッチコピーのつくり方」や「料理のシズル感を出すデジカメ

撮影の方法」、そもそものお客さまのよい所を発見し原稿のなかに表現するプチコンだ。クーポン内容プチコンとは、たとえばテーブルに4～5名のプチ宴会を獲得するクーポンのつけ方、女性を集客したいクーポンのつけ方などなどクーポンの内容に関するプチコンだ。集客スケジュールプチコンとは忘新年会を獲得するために幹事さんが行きつけの店になるしかけをいつのタイミングでしかけるのか？　などのスケジュールに関するプチコンだ。

そして、最後のメニュープチコンは、忘新年会の宴会メニューに端を発して、「そもそも、宴会予約のリーダーシップを握っているＯＬが食べたい宴会メニューになっているのか？」を１０００名のＯＬに調査して、前菜・サラダ・肉・魚・デザート・ドリンクなど嗜好調査の結果で、どんな宴会メニューが必要かをプチコンするものだ。

お客さまの苦手で気づかない領域で、自分たちのちょっとした工夫やアイデアの共有と蓄積でプロフェッショナルになれるのがプチコンだった。

上質のコミュニケーションが生まれる

お客さまが営業マンに求めているのは2つ、「会話の満足」と「提案の満足」だ。媒体の説明でもなく、申し込みスケジュールの説明でもなく、料金の話でもない。

どうすれば集客できるか、そのためのアイデアや工夫のおもしろさを知りたいのである。お客さまが求めているのはクリエイティブな会話だった。

『ホットペッパー』の営業マンがデジカメを片手にそのお店の料理を撮影してみせる。海老や蟹など素材感を表現して撮る、ジュージューとソースの焼ける音と香りのするシズル感のある焼肉を撮る、出汁《だし》に浸かってあったかい湯気が立つおでんを撮る、ゆで卵の流れ出るとろ～っとろの半熟の黄味をアップで撮る、その撮影画面をお客さまが覗き込み、「美味しそう」と感嘆の声をあげる。「もっとこの角度から撮ってみてよ」「すごいや、おもしろいね」と会話が進む。

そこには効果のある原稿をつくるクリエイティブな共同作業がある。これこそ、お客さまと営業マンの上質なコミュニケーションだ。単なる広告案内営業マンではない、一緒に考えて、一緒に創っていく相談できるパートナーだ。お客さまの抱える課題を『ホットペッパー』の営業マンは『ホットペッパー』の広告枠のなかでそれを実現してみせる。

それは、お客さまのすぐれたところを発見しそれを限られたスペースのなかで表現する表現技術だった。しかも、それはクリエイティブで楽しい会話になる。

顧客接点にクリエイティブのエキスを入れることが大切だ。誰にでもできる簡単な仕組みでありながら、お客さまが「あなただからできる要素」と評価してくれて、われわれのリーダーシップを認めてくれる。けれど、お客さまが一緒になって協力者になってくれる仕組みだ。

営業マンはこの顧客との関係とクリエイティブな仕事に誇りを持ち、成長していく。

顧客接点での営業マンの会話を課題解決を軸とした上質なコミュニケーションにするプチコンが商品と顧客接点と人を強くする。

可愛いコミュニケーションのなかで恐ろしく高度な顧客接点が出来上がっていく。このプチコンはシンプルで簡単でわかりやすいが、恐ろしく奥が深いのだ。

次のメニューは何にしたらいいの？

scene 17

「このメニューは誰が決めてるんですか？」

吉名あらたはお店のオーナーに聞いた。

「う〜ん、うちにはこの道20年の超ベテランのシェフがいるんだけど、彼が調理場のすべて決めてるよ」

「でも、銀座のＯＬを店に呼びたいんですよね、このメニューじゃ、ダメですよ。だって、20代の女性である私がこんなメニューじゃ、いやだもん。これって、いったい誰が食べたいメニューになってるんでしょう？」

「じゃ、料理長に会って話してよ。職人さんだから、頑固でこだわりがあるんだ」

吉名は料理長に会って、一人のターゲットユーザーとして料理長に今のメニューじゃだめなことを、『ホットペッパー』で行った１０００名のＯＬの宴会メニューアンケートデータも見せながら一生懸命に話した。

料理長は怒りを抑えながら言った。

「そこまで言うなら、うちがどんなメニューにしたらいいのか言ってみろ！」

吉名は自分で考えて用意していた夜のメニュープランを差し出した。

料理長はそのプランに目を通し、驚きながら、でも何かを発見した自分に気づいて、平静を装いながら言った。

「まぁ、今回はこれで様子を見るか」

料理長もプロである。そのプランを見事に仕上げてきた。

そのプランを写真にとって、『ホットペッパー』に掲載した。

そして、夜に２～３組ほどしか予約が入らなかったお店に毎日20組を超える予約が入り、連日満席が続いた。

そして、数日後、次の原稿打ち合わせに伺った吉名に、料理長は言った。

「吉名さん、次のメニューは何にしたらいいの？」

これがメニュープチコンの完成型だ。

素人がプロになる

それは、素人がプロになる領域を見つけることだ。現在の営業組織力を阻害する要因は、顧客のプロ化にある。情報が流通して顧客が営業マンより商品・サービスについてよく知っている状態が起こってきている。

何人かのすぐれたプロフェッショナルな営業マンを養成することは可能でも、営業マン全員をすべての領域で顧客よりもプロフェッショナルにすることは不可能だ。

すべての領域でプロフェッショナルにならなければ組織的な営業力が発揮できないことになる。しかし、実態は違う。そんなプロばかりの大規模な営業集団を簡単にはつくれない。

となれば、素人がプロになる領域を発見し、その領域で圧倒的なプロになり、相談相手になれるかどうかが勝負になる。

『ホットペッパー』の場合、相手は料理のプロである。料理を食べたお客を、その味付けや盛り付けに感動させ、唸らせ納得させる調理技術を持ったプロである。しかし、20〜30代の女性が本当に食べたい料理を知る機会は限られている。

『ホットペッパー』は20〜30代の女性が食べたい宴会メニューについて、圧倒的な情報を収集し、お店のオーナーや料理長に、そのターゲットそのものである営業マンがリアリティのある言葉で語る。

その限られた領域でプロになる。しかし、その領域は、飲食店を経営するオーナーや料理を考える料理責任者にとって、本当に知りたい情報なのだ。

料理のつくり方は知らなくても（知っているともっとすごいことになる）、どんな素材、どんな味付け、どんな組み合わせ、どんな盛り付け、どんな品数、どんな飲み物……はプロとして、伝えられる。

お客さまのプロである領域に入り込まず、そのすぐそばにあって、お客さまがほしくても手に入れられない土俵で勝負する。素人がプロになれる土俵を発見することがマネジメントの責任でもあり、組織的営業力を強化拡大できる方法だ。

「プチコンコン」組織の形式知にする

プチコンは素人をプロに変える。プチコンの浸透がプロの増産を可能にする。
プチコンを全員が高度なレベルで実現できるには、プチコンできる材料とその共有が必要だ。すぐれた営業マンがすでに個人的に顧客との間で行っていたこの眠れるノウハウを掘り起こすこと、今後さらに全員がそのノウハウを開発し、発表し、共有し、学習することを事業全体のムーブメントにしていかなければならない。その引き出しの多さと質が顧客接点の勝負となってくる。暗黙知を形式知に変えることだ。

それが、「プチコンコン」だった。プチコンのコンテストを略してプチコンコンと呼んだ。事業としてプチコンコンを重要な業務として位置づけた。営業の売上げや件数を評価の指標とするようにプチコンの成績も重要な評価の指標に置いて、プチコンを競い合った。全国の営業マンが書式にもとづいて自分の仕事をプチコンとしてまとめる。全国の版元長が手分けしてその作品すべてを読んで、決められた基準で評価する。すぐれた作品はプチコン金賞などとして表彰する。キックオフ等でケース発表されて表彰されて賞賛される。売上げ業績表彰と同等にその価値を認められた。メンバーのなかでは、それはクオリティが高く、顧客満足度の高い仕事として位置づけられた。

それらの作品は一冊の冊子にまとめられ残される貴重な財産となる。そして、全員に配布されてバイブルとなり、みんなが学習する。

決して、一時のイベントとしてではなく、事業の運営として脈々と続けていくのだ。それは事業の根幹となって定着していく。

どんな事業にもプチコンにあたるものがある。いかにそれを簡単でシンプルに絞り込んで、組織全体で共有するかが問題なのだ。プチコンコンはやがて習慣になり組織文化になり、その組織の本質になっていく。

プチコンは顧客と一緒に創る物語

女性を集客するためにメニューを工夫する。5時台の集客をつくり出すためにクーポン内容を考える。新規のお客さまを集めるために閉店後の深夜に圧倒的なインパクトのある料理写真撮影に全力を尽くす。そして、原稿が出来上がり、掲載されて効果が生まれる。

春には春の歓送迎会の工夫をして、夏には夏の宴会の工夫をして、秋には忘年会の工夫をして、冬には新年会の工夫をする。

「ここをこんな風に変えたら、きっとこんなことが起こる」お客さまと一緒に考えながら仕事をしていく。それは『ホットペッパー』の営業マンとお客さまの共同作業となる。

お客さまと一緒に集客の物語を創っていることになる。

プチコンは営業マンとお客さまが一緒に物語を創っていく素材を提供する。それはまるで、料理をつくることを楽しむように、集客の表現を楽しむことになる。

やがて、プチコンはお客さまにとって楽しいクリエイティブなひと時となる。

scene 18

吉田采都子の「何屋プチコン」

銀座の美登利寿司は行列のできる名店だ。『ホットペッパー』への掲載は難攻不落のお店だった。その美登利寿司が新規で掲載が決まった。

受注した吉田采都子に聞いた。

「おめでとう！　でも、どうやって受注したの？　あんなに外にまで行列ができるお店なのに……集客にどんな悩みがあったの？」

「平尾さん、そうなんですよ。でもね、私は不思議だったんです。なんで美登利寿司に行列ができるのか？　そして、美登利寿司って、いったい何屋さんなんだろうって」

「銀座にいっぱい寿司屋はあって、なんで、美登利寿司に行列ができるの？　ほかの寿司屋と何が違うの？　それで、飛び込み営業したら、ちょうど常務さんに会えて、聞いたんです。何屋さんなんですか？　って……」

「そうしたら、常務さんも、うちって何屋なんだろうって、迷ってたとこなんだって……いまは行列もできて繁盛しているけど、なぜかがわからなくなっているのは怖い、って常務さんは言ったんです」

「私は、美登利寿司はアナゴ寿司ですよって言ったら、嬉しそうに、そうだよね、それがうちの売りだよね……って、それで、アナゴ寿司を写真で出そうと掲載が決まったんです」

「でもね、そう考えると、銀座にいっぱいお店がありますが、もっと何屋かわからないお店っていっぱいあるんですよ。銀座のいろいろのお店に行って店長さんに『ごだいごってお店知ってますよね』と聞くと、みんな『知ってるよ、近くにもあるしね』と答えるの。

でも『ごだいごって何屋さんか知ってますか?』って聞くと、『あれ、何屋さんだったっけ?　知らないな~』ですって。

『そうなんですよ~知らないでしょ!　ごだいごって、おでん屋なんですよ』と教えてあげると、『え~っおでん屋なんだ!　知らなかった』

そこで、聞くんです。『ところで、お宅は何屋さんなんですか?』そしたら、店長さんみんな『うちって何屋なんだろう……?』って、みんな不安になるんです」

「みんなお客さまのニーズに応えているつもりが、自分の強みが何かを忘れてしまって仕事に流されちゃっているんですよ、それを一緒に考えてあげるんです」

これが何屋さんプチコン営業だった。

可愛いコミュニケーションを実現する

ふつう「お宅は何屋さんですか」とは聞けないものだ。美登利寿司の常務が傲ることとなく深い問題意識があった。それがちょっとしたキッカケで会話になった。でも、それは恐ろしく深い会話になっている。店長との会話は問題意識の欠落していた自分に気づくという、これも恐ろしく深い会話になっている。

けれど、この会話は、立派な経営コンサルタントが話しているわけではない。これは『ホットペッパー』の営業マンとお店の経営者との会話だ。たぶん立派なコンサルタントとの会話はもっと複雑で、問題点の羅列で、頭を抱える大問題になって、抜本的な改革に発展する、めんどくさい話になる。

けれど、この会話は、実に「可愛い」。そして、実に「するどい」。難しい話を簡単に会話している。お客さまも素直に聞き素直に話すコミュニケーションが成立している。それは問題点や課題をあげつらうのではなく、お客さまのいいところを一生懸命探して、それを、読者にどのように伝えるのがいいかを建設的に考えているからだ。

しかも、自分の提供できる技術を表現技術に限定し、そのプロとして会話している。お客さまはお店の経営のプロかもしれないが、集客の広告表現技術はプロではない。言いにくいことも専門領域からなら言える、そして、プチコンなら可愛く言える。その、お客さまにできなくて自分にできることを発見し、その技術を磨きプロになる。それを、「プチコン」として可愛く働きかける。でも、その投げた球は剛速球で顧客の心のミットにバシッと収まる。

「ストライク」になる。爽快で気持ちのいいストライクになる。そして、見上げた前には可愛らしい営業マンが立っている。

お客さまは思う。

「いい球を投げるね……君と仕事をしたいね、実に可愛い営業マンだ」

プチコンが競争優位性の源泉となる

このプチコンが完成されたときに、この事業は磐石となった。後発参入競合がいくら低価格戦略で参入し価格破壊をしてきたとしても、顧客がわれわれに感じている価値は単なる価格ではなく、プチコンという価値を含んだものになっているからだ。

顧客接点の第一線が日々の活動のなかで創り出す競争優位性ほど磐石なものはない。

事業を立ち上げた当初から、早くマーケットを取って後発への参入障壁を築くことを考えていた。

その参入障壁とは流通チャネルとプチコンだった。流通チャネルとはオフィス・コンビニ・駅だ。『ホットペッパー』をどの競合よりも確実に手に取れる場所の獲得だ。あそこに行けば必ずあるというチャネルを磐石に確保することだった。そして、もうひとつが顧客のマインドシェアを獲得するプチコンとなった。『ホットペッパー』の掲載料は高くて値引きもない、しかし、それでも選ばれる。それは効果と顧客接点での満足度によって価格が決まるからだ。

流通チャネルは外的要因によって変化するが、このプチコンは人や組織のクオリティで決まる。それは内的要因だ。しかも、競合も一朝一夕では真似ができない。事業として魂を込めて着実に継続していけば、それは座布団のように積み重ねられていく。

働く人のモチベーション設計からはじまって、プチコンが生まれ、それが顧客の満足を高め、事業の競争優位となっていった。

競争優位性は日々の仕事の行動のなかにビルトインされて、組織として繰り返される仕組みになってなければ磐石とならない。勝ち続けるためにもプチコンを発見して仕組み化することだ。

人を育てるプチコン

アイデアに満ちた事業や組織は強い。

プチコンはそんなアイデアや工夫を日常業務のなかで訓練することで、考える力やまとめるチカラや、表現する力や、伝える力を身につけさせる。

不思議なことにプチコンで頭角を現す営業マンは業績も高くなり、顧客からの支持も厚く、組織のなかでも信頼を集める。

プチコンという仕事が人を育てている。

顧客接点を強化して、競争優位性の獲得する目的でスタートしたプチコンが、やがて、その思惑を超えて人を育てるプログラムとなっていった。

工夫とアイデアに満ちた組織を創る源になっていった。

第7章

セオリーに反する営業の仕組みづくり

「新規開拓の営業と既存取引への継続営業と担当を分ける。探客のアポ取り業務と営業業務を分ける。ひとつひとつの業務を分業化すれば単純になりひとつの業務の熟練度が短期間で簡単に上がり、営業実績はめまぐるしく向上する。それを営業力の組織化という。それをセールスフォースと言う」

こんな内容が「売れる営業組織のセオリー」など

と題した本に書かれている。
営業コンサルタントが営業フォース理論とかを指導し、
大企業ほどこの営業フォースの罠に
はまって導入して失敗する。
それは間違っている。
シンプルと単純を履き違えている。
『ホットペッパー』はそれとはまったく異なる考え方で
素人集団が恐るべきスピードで
売りに売りまくって500億の事業をつくったのだ。
世に言う売れる営業組織のセオリーに反する
組織づくりだった。
それは、営業のアウトソーシング化ではなく
インフォース化（内部組織化）であり、
単純化ではなく複雑化である。
それは、作業からではなく
モチベーションから営業を設計する仕組みだ。

scene 19

一人屋台方式

「無訪問での営業ができないか？　それによって営業コストを大幅に削減できるのではないか？」

「営業組織のアウトソーシングや別会社化は可能か？」

「既存取引顧客担当と新規開拓担当を分けて営業効率を上げたらどうか？」

「原稿制作別部隊をつくって、営業は新規営業に専念させたらどうか？」

「業務委託や3年の契約社員でこの事業の成長を実現できるのか？」

「誰でもできる営業にしなくて大丈夫か？」

そんな質問が経営会議で続出した。

「徹底して訪問します。顧客接点で何が起こるかをたくさん見に行かないと対策が打てません。

自分たちがどうやったらいいのかがわからないのにアウトソーシングも代理店政策も、販社化もできません。それは、ただ単に不安なことから目をつむり、責任を他へ押しつけるだけで、解決しません。

新規営業が一番難しいのです。だからこそそれを新人もベテランも全員でやります。
原稿は営業の重要な仕事です。原稿提案が顧客接点の勝負になります。
そして、うちの仕事を任せるのはお前じゃないとだめだと思わせるかどうかがカギです。
すべて自力でやります。業務委託と契約社員のこの組織で、全員の力を集結して、この事業計画を実現します。そのための営業コスト投資だけご承認ください」

『ホットペッパー』の営業が直面する課題は厳しく、奥が深く、難解で、困難だった。それらを、恐ろしく早いスピードで越えなければならなかった。だからと言って単純でつまらない作業にするつもりはなかった。そんな小手先だましでは実現できないほど大きな事業計画だった。

この営業に複雑性があるからこそ、顧客はその価値も含めて『ホットペッパー』という初めての商品を信じて買ってくれる。誰にでもできる営業ではなく、この人だからできるとお客さまが思ってくれなければ信頼して発注しない。

「顧客がこの人にしかできないと思う複雑な営業を、みんなでシンプルにやる方法を創ろう。
われわれは一人屋台方式で営業のプロになる」

営業を複雑にする

当時、世の中的にも、営業の機能を別会社で販社化したり、代理店化したり、アウトソーシングしたり、また、中にあっても営業業務を業務分析して分業化したりするのがひとつの流れだった。つまり、売ることとつくることを分けたり、攻める新規営業と守る既存顧客フォローと分けたり、電話する人と訪問する人を分けたりしていた。

『ホットペッパー』は営業の分業化を絶対にしなかった。

一人の営業が売って原稿をつくる、新規開拓営業も既存顧客リピート営業もする、電話も訪問もする、営業も入金フォローもする。顧客接点はすべて営業が一人で担っている。だから、一人屋台方式と呼んだ。

ビジネスプロセスも一気通貫でマネジメントできることにこだわった。一人屋台方式が効率を上げる。自分の仕事がダイレクトに顧客の満足という成果につながる仕組みを壊してはならない。社内の効率性からではなく顧客との関係性から営業の仕組みは考えられなければならない。

そして、人件費コストの面からではなく働く人のモチベーションの観点から営業の仕組みは考えられなければならない。

仕事には複雑性があるからおもしろい。「自分で考え、決め、行動する」要素が仕事には必要だ。その要素を組み込んだ業務設計がマネジメントの責任だ。

結果的に顧客接点の価値づくりから仕組みをつくれば、もっとも事業にとって生産性が上がる仕組みになる。顧客が喜び、働く社員がおもしろいと感じる仕組みこそ事業価値を高める。分業化はそれを切り裂く危険な打ち手なのだと理解されていなくて、現場で分業化が進むのはなぜなのか？

理屈上はキレイに見えて、短期的に効果があがったように見えるからかもしれない。単純な作業にすることで習熟が早く、成果が出ると考えているのかもしれない。

コミュニケーション全体を設計せずに短絡的に目の前の問題をパッチワークのように片付けようとするからかもしれない。

しかし、人間はそんな単純な生き物ではない。すぐにできてしまって、興味を失ってしまえば、それは苦痛になり、継続的に成果を出し続けることはできなくなる。

おもしろさが営業マンの生産性を上げる

営業マンは売ることだけに専念すればいいのか？　売ること以外の行動は無駄なのか？　売るという行動は一連の顧客接点での価値提供の流れのなかにあってこそ有効な行動になるのではないだろうか。

本当に営業マンの行動は複雑で効率が悪いのか？『ホットペッパー』の営業で見ると、

新規営業して、既存のお客さまにも営業して、原稿の打ち合わせをして、自分で原稿をつくって、写真をデジカメで撮って、原稿の確認作業をお客さまとやりとりして、システム入稿する、効果を聞き次の提案と原稿に生かす。すべての工程を自分で計画しスケジュール管理する。

一人でやらなければならない分、新規の探客技術・初めての訪問技術・原稿内容打ち合わせ技術・原稿作成技術・デジカメ撮影技術・確認技術・システム運用技術・効果ヒアリング技術・時間管理技術などさまざまな知識・スキルの熟練度を要する。

けれど、これらの業務プロセスには流れがある。一連の流れのなかでつながっている。それを分業化するということは分断するということだ。分業化は流れのなかで仕事を捕らえられなくなる。顧客接点の価値はひとつひとつの熟練度も大切だが流れのほうがもっと大切なのだ。分業化すれば流れは切れて、モチベーションも切れる、そして、本来の目的が切れて、今度は切った業務間のコミュニケーションに莫大なエネルギーがかかる。だから、逆に非効率になる。

一人の営業マンが熟練度を上げる方向で改善したほうが効率はいい。なぜなら、そこには「仕事がおもしろい」「自分が存在しなければならない」「自分が成長しなければならない」という想いが加速するからだ。成長するからおもしろいのだ。おもしろいから夢中になる。仕事に対して心をこめて効果的に効率的にやろうとするのだ。これが事業効率を阻害するはずがない。

おもしろいと思って仕事に取り組む営業マンは顧客にとって魅力的な存在になる。営業マンがおもしろくて工夫し、成長していくことが競合との競争優位性になる。

scene 20

バードビュー

カーナビにバードビューという設定がある。通常設定から、バードビューに設定を変えると、なるほど空から鳥の目で見た街の姿はこんな風に見えるのかと驚きを感じる。なってみないと見えないし発見できない世界である。

「なぜ毎日飛び込み営業をしているわけでもないのに、営業現場のメンバーが直面している課題や問題を、そんなにリアルにわかるんですか？」

不思議そうに、版元長は僕に尋ねた。

「そうだよね、仮に僕みたいなおっちゃんが、一人で飛び込んだり、営業同行して飛び込んでもメンバーが直面している実態はわからないよ。

だから、バードビューするんだ」

「バードビューって何ですか？」

「メンバーの目を借りて起こっている実態の世界を模擬体験するんだよ」

「まず、トップ営業マンに質問するんだ。さあ、これから新規営業の飛び込みを開始します。どんな看板、どんなのれん、どんな店構えを見て飛び込むの？　ガラガラっとお店の戸を開けると、お店のなかには誰がどこにいて、お前の目にどんな風景が飛び込んでくるの？　そこ

で、最初に開口一番誰にどんな風に言葉を発するの？　そうすると、どんなことを相手は言ってくるの？　それに対して、お前はどんな表情で、どんなイントネーションで、どんなことを言うの？　僕の前で同じように再現してやってみて……」

「ずーっと聞いていくと、自分が営業マンの目を借りて、その営業マンの前で起こっている世界が見えてくるんだ」

「それをやればいいのですね」

「だめだよ、別の営業マンにも聞くんだ。今度はがんばっているけど、結果が出ない営業マンに同じ質問をするんだ。同じようにその営業マンの目を借りてお店に入っていく。その営業マンが見る世界や発する言葉や態度、お客さまの言葉や表情を、営業マン本人の主観を交えずに現象をそのまま話してもらうんだ。

　そうすると、あっ！　ここが見ているポイントが違う、話し方が違う、表情が違う、相手の反応が違うってわかるんだ。

　その違いこそ、トップ営業マンとがんばってるけれど売れない営業マンとの技術ギャップなんだ」

トップ営業マンだけに聞くな！

「トップ営業マンだけに聞くな！　売れないミドル営業マンを研究しろ！　しかし、ボトム営業マンに惑わされるな！」
「トップモデルは目標であって標準ではない、ミドルモデルこそ標準である。トップモデルとミドルモデルの技術ギャップに注目せよ」

トップ営業マンだけに聞いて、そのやり方を全員にあてはめようとしてもうまくいかない。がんばっているけれど売れていない営業マンの話を聞けば、そこに明らかな技術のギャップを発見できる。その技術ギャップこそ売れるか売れないかの勝負の分かれ目なのだ。

その技術ギャップに集中して、そのギャップを埋めるためのトークやツールの開発と訓練が必要になる。特にトークの訓練には時間がかかる、それはトップ営業マンが長く培ってきたコミュニケーション技術であって、すぐには真似ができないからだ。訓練の成果が出るまでは売れませんとは言えないので、その技術ギャップを埋めるツールの開発は急がなければならない。言葉ではうまく伝えられない代わりに写真や図表を使って、コミュニケーション技術の補助をするのだ。

レストランに行くと、普通にメニュー表があって、どのメニューがどこの産地素材でどんな味付けなのかが写真とともに書いてある。わかりやすくて、楽しくて、決めやすい。営業もまた自分たちの商品を価値や特徴をわかりやすくまとめた一目でわかるメニュー表のようなものが必要だ。この補助ツールのメニュー表を使って、徹底的に営業訓練をする。

これがトップ営業マンとミドル営業マンの技術ギャップを瞬間的に補い、ミドル営業マンをトップ営業マンのクオリティに引き上げて、営業組織力は格段にアップする。営業組織力を高めるには人数的に圧倒的なボリュームゾーンにあるミドルの技術をアップさせることだ。

ただし、やる気がないとか怠けているとかモチベーションの問題で売れていない営業マンに惑わされてはならない。それは、技術の問題ではないからだ。この技術とは別の問題は、技術と切り離して考えなければならない。絶対に混同してはならない。混同すれば問題の本質から離れややこしくなる。

3つの型を創る
ニーズは多様化していない

実はニーズは多様化していない。

『ホットペッパー』でも当初、顧客ニーズが多様化しているのに、それを型にはめるのは危険な賭けだという反対意見が出た。型にはめることは個人の個性や成長を阻害するとい

う反対意見も出た。しかし、顧客ニーズを整理して絞り込むと、

団体をとりたい

回転率をあげたい

客層を変えたい

顧客単価をあげたい

せいぜいそんなものだった。

それら各々の課題を解決できた原稿パターンやクーポン内容パターン、それらの課題を解決できる商品設計や流通設計やプロモーション計画をまとめたツールパターンを用意した。そのツールパターンを使った5分間の営業トークの完全シナリオをつくり、それを新規営業の「型」として完全に暗記して繰り返し、繰り返し徹底的に訓練した。

そして、そのパターンを織り込んだ3つの営業の型をつくる。

営業を顧客との勝負に置き換えたとき、剣道の小手・面・胴にあたる3つの型をつくることが大切である。この小手・面・胴を徹底的に訓練しているのと、していないのとでは、営業のチカラは格段に違ってくる。基本の3つの型ができれば組み合わせや応用も可能になる。剣道で相手の動きは変幻自在で多様だから、基本の型の稽古をしても意味がないなどと誰も言わない。その変幻自在な動きに対して、攻める型を持つことが大切で、その攻める型を訓練することがもっと大切になる。

それなのに、営業ではなぜ型をつくらないのか？　お客さまのニーズは多様化しているので3つの型に当てはめるのは難しいという。では、多様化とはいくつあるのか？　多様化を満たすすべての型はいくつ必要なのか？　つくってみたことはあるのか？　ないのである。問題は型をつくろうとすらしてないことだ。

つくろうとすれば、型は集約されていく。3つの型に絞ることが戦略である。「あってもいい」を捨てる勇気と覚悟が大切だ。絞り込む判断をすることは怖いかもしれないが、マネジメントはその責任から逃げてはいけない。型をつくれば営業生産性は格段にあがる。同時に営業の成長も早くなる。教育成果も獲得できる。

scene 21

七福神お届け営業

12月の忘年会シーズンは、飲食店にとって、1年のなかでもっとも忙しい時期だ。

毎日がラッシュアワーのようでクタクタになっている。そんなときに『ホットペッパー』の営業マンがやってきて、集客の閑散期となる2月や歓送迎会時期の3月4月の集客プランの営業をはじめる。

「このクソ忙しいときに勘弁してよ」と断られる。

でも、行かないと、

「顔も出さないの？　大名商売だね、『ホットペッパー』さんは……」と言われる。

でも、行くと、嫌そうな顔をして、

「何か用かな？　手短にしてよ！　忙しいから……」と言われる。

営業マンは困ってしまう。お客さまへの訪問に躊躇して足が遠のいてしまう。

12月の訪問件数はガタガタに落ちて、その影響が2月号の売上げに表れる。

なぜなら、営業以前に訪問できないからだ。

事業企画は2月号の売上げを上げたかった。

「2月号の売上げを上げるにはどうしたらいいんでしょう?」

「上がらないものは上がらないよ。
12月の訪問件数が上がれば、少しは業績があげられるかもしれない。
でも、12月にお客さんにとって用もないのに来る営業マンは迷惑だよね。お客さんが営業マンが来たら嬉しくなることをすればいいんだよ。お客さんが縁起がいいとか、福を届けてくれたと思ってくれる訪問なら、歓迎される」

「『ホットペッパー』のみゆきちゃん七福神をつくろう! そして、それを届けて回ろう」

営業マンは思う、お客さまに福を届けに行こうと……
この福を届けに行って、忙しいなかで、ニコッと笑って、お客さまに言ってもらう。

「こりゃ、おもしろい! 縁起がいいよ! 商売繁盛だね」

訪問の必然性

闇雲《やみくも》に、とにかく訪問しろというのは意味がない。営業マンが訪問したくなる、早くお客さまのところへ伺わないといけない必然性を創り出すことが大切になる。

それは、ルーチンな訪問ではなくアクセントとインパクトに満ちた訪問にする必要性がある。

また、お客さまがよく来てくれたと思える訪問であり、思わず嬉しくなったり、楽しくなったり、ほっと癒される訪問であれば、あいつが来るとおもしろいし元気になれると感じてもらえる。

『ホットペッパー』はそんな工夫を事業で頻繁に行った。「七福神お届け営業」「おみくじキャンペーン営業」「こぶ茶と唐辛子せんべいでちょっと一緒に一服営業」など、お客さまと営業マンの心理的距離を縮めて、訪問する意味づけをする。

お客さまはそんな他愛もないものがほしいのではなく、おもしろいとか楽しい気持ちにさせてくれる営業マンの訪問を喜んでくれる。

全国のすべての版元でいっせいに、両手にお届けする荷物を持って全部回る、全国2万件以上のお取引のあるお客さまをいっせいに営業マンが競い合うように回りはじめる。

新規のお客さまが、「何でウチに来ないんだよ」と言いはじめる。営業マンも新規のお客さまにもお届けしたいと言いはじめる。

　組織的な訪問活動が行われ、組織的な営業力が発揮される。

　事業は、その組織的営業力を強化するためには、1年を通じて、営業にとっても、お客さまにとっても訪問の必然性を創り出すことが重要だ。しかも、その訪問が営業にとってもお客さまにとっても楽しいものにしなければならない。

営業を計画する力

　売れる営業マンに共通する能力は2つある。顧客接点でのコミュニケーション能力と営業計画力。安定した業績を長く残せる営業マンは、特にこの

営業計画力にすぐれている。担当顧客の顧客分析から、自分がやるべき行動を整理して、優先順位を決めて、時間のなかに入れ込んで計画をつくるチカラだ。そのうえで、今月やること、今週やること、今日やることが整理されて、実行したかどうかを毎日確認する。

この営業を計画する力を、いかに身につけさせるかが営業力強化のポイントとなる。『ホットペッパー』では、この営業を計画する力を身につけさせるために、２つのアプローチを行った。それは、高い業績をあげ続ける営業マンの職務分析を行い、どんな職務にどれだけの時間をかけているか、また、既存顧客への営業活動や新規開拓の営業活動や原稿制作活動などの業務の組み合わせ方にテンポや流れを発見して、汎用化する。

もうひとつは事業として、営業活動を計画して、その流れにそって動き、自然のなかで営業が計画にもとづき動いていく。そして、最終的にはそれが、自分のリズムであり体に染みついて習慣にしていく。

顧客接点でのコミュニケーション力を高める教育を行う企業が多いが、営業を計画する力を高める教育を行っているケースは非常に少ない。

組織的営業力強化のためには、個人が安定した業績を出し続けるために必要な営業を計画する力の強化が重要となる。

ロジックジャンプを信じる

『ホットペッパー』の営業マンは、毎日新規飛び込み営業を行った。一つのお店に入れ替わり立ち替わり『ホットペッパー』の営業マンが訪問する。時には一つのお店に1日に3人もの営業マンが訪問し、「お前で3人目だ、いい加減にしろ」とお客さまを怒らせることもあった。何度伺っても「帰れ！」と追い返される。

それでも訪問しているうちに「大変だね。よくがんばるね！」と言ってくれるようになる。やがて、「まあ、お茶でも飲んでいけ」と言われる。

そしてある日、いつもと違う知らない『ホットペッパー』の営業マンが飛び込むと、「うちの店の担当は○○さんだよ！」と言う。まだ取引もしていないのに担当になっている。

その瞬間を「ロジックジャンプ」と呼んだ。それはロジックを超えた心理的なつながりが生まれる瞬間である。毎日来るからではない。来ることによって営業マンがその店の情報をたくさん収集し、理解していることをお客さまが気づくからだ。そして仮定しはじめる。「もし掲載するとしたら、この営業マンなら任せられる」と……。理屈ではなく、ある日突然起こる。

見えないものを見に行く新規事業の営業には、このロジックジャンプを信じる力が必要だ。

5分間ロープレ

scene 22

『ホットペッパー』の営業もバードビューの視点で考えられた。午後2時、のれんの下ろされた飲食店のドアを開け、目に飛び込んでくる風景、お店の奥にいる店長を目で探して、スタスタと入っていき、にっこりと微笑みかけて話しかける。

「何しに来たんだよ？　せっかくのお昼休みを邪魔するな！」と思っている店長の気持ちをあっという間にわしづかみにして、「じゃ、やってみるか」と言わせる。

そんな、5分間の商談だ。心の抵抗を取り除き、ニーズをつかみ、商品の価値を伝え、掲載の決心をさせる。たった5分間のセリフを創り5分間の営業物語を徹底して訓練する。

そんなにたった5分間でうまくいくはずはないが、うまくいくイメージとセリフの流れを心と体に叩き込む。何度も何度もセリフを暗記して、2人一組で練習する。話すスピードやイントネーション、表情や態度、相手が好感と興味を持つ会話を訓練する。

反対する声もあった。

「たった5分間じゃ、ヒアリングもできない。営業マンをロボットみたいに型にはめて、お客さん不在の営業なんて意味ないですよ」

しかし、実際に完成度の高いその5分間のロープレを見せると、

「たった5分間だけど、訓練によって、相手の気持ちの流れに沿いながら、商品の価値を伝え、相手の課題やニーズをくんだ話ができるようになってます。恐ろしくぎゅっと詰まった完成度の高い会話は実現できるんですね。たった5分なのに……僕のタラタラした1時間の営業が集約されている……」

それを、「5分間ロープレ」と呼び、その訓練の集大成として全国700名の営業マンが参加する「5分間ロープレ大会」を実施した。この5分間ロープレこそ型の訓練だった。過去の学習や全員のノウハウが凝縮された新規飛び込み5分間の営業の型だった。シンプルで効果的で効率的で無駄のない新規営業ストーリーができる。

お客さまのニーズは5分間で解決されて、お客さまの好奇心をそそり、瞬時にその営業マンは顧客にとってなくてはならない存在になった。

たったひとつの型が顧客接点と自ら学習する風土と成功体験と業績をつくり出していった。

5分間ロープレが営業をシンプルにする。

単純化するのではなく、シンプル化する

複雑なのは問題ないが困難であってはならない。そのために、単純化するのではなくシンプル化するのだ。商品をシンプルに、営業先をシンプルに、営業方法をシンプルに、マネジメントをシンプルにするのだ。新規と既存への営業のスケジュールパターン、原稿打ち合わせのフォーマットパターン、顧客課題別の原稿提案パターン、食材別デジカメの撮影技術パターンなどなどパターンをつくる。

みんなが陥る失敗を全員で一からやり直して非効率になるのだから、簡単に成功するパターンを用意すればいい。

既存顧客を担当しながら新規顧客の開拓をする、営業しながら原稿をつくる、効果を聞きながら撮影を工夫するなどなど、その複雑性や変化が知的好奇心を刺激する。

その知的好奇心が業務を改善し、自己を成長させ、顧客の心を揺さぶり信頼をかちとる。単純なロボットではなく人間の創意工夫を持った仕事に夢中になる営業マンを顧客が愛して応援してくれる。

一人の営業マンが業務プロセスに必要な知識やスキルをパターンとしてマスターすればいいだけだ。それは複雑性を残しながら困難性を排除してシンプルにしているだけだ。絶対に単純化してはならない。

一気にいっせいにやる

分業化はその複雑性を排除して単純化することになる。瞬間的に効率が上がるが、やがて、単純作業は退屈でつまらなくて動きが鈍くなって、ミスが多くなって、効率は落ちていく。顧客接点は希薄になって事業は滅びていく。単純化すればするほどそれは作業になっていく、作業には心が入らない、心が入らない積み重ねはいくら積み重ねても価値は生まれてこない。そんなプロセスに顧客は魅力を感じるはずがないからだ。

「全員で同じことを一緒に一気にやる」これが組織力になる。

売り方の型を決めるために商品企画、価格設定、戦術などをルール化して統一した。

シーン・時間台割り廃止

メニュー台割りへの統一

１／36の廃止

１／18と１／９の商品企画差別化

１／９の３回連続受注への１／36インデックスサービス

夏の宴会設定

ワンプライス営業

それは顧客がわかりにくかったり、迷ったりする要素を商品や営業方法のなかから削除することでシンプルにする。たった5分間のなかに集約しようとすると、忙しい顧客とのコミュニケーションにとって無駄なものがそぎ落とされていく。じつは無駄なものを一生懸命増やしていたのは、お客さまの目先を変えて売り込もうとする自分たちであることに気づく。

そして、お客さまにとっては複雑で難しいことを、社内では誰もができるように汎用化することが大切になる。それは、そもそも難しいことをシンプルにして汎用化することだ。なぜなら、顧客にとっての営業マンの価値を最大化できることになるからだ。

営業マンの仕事を複雑で困難にしているのは、じつは社内のルールや決めごとだったりする。それに煩わされることなく、顧客接点に集中できるようにシンプルにする。

そして、「できるかできないか」ではなく「やるかやらないか」の差にしてしまうことだ。やらない人が明らかになるのでやらないわけにはいかない。やった人は明らかになって賞賛される。誰も落ちこぼれない、そこには同じことをみんなでやる楽しさがうまれてくる。競い合う緊張感もある。

売り方を困難にしないために商品企画も価格も戦略・戦術も評価の指標もシンプルにする。全員がそのシンプルなオペレーションで動けるようにする。

営業力を組織力にするには、社内をシンプルにして、全員で一気にいっせいにできるようにすることだ。

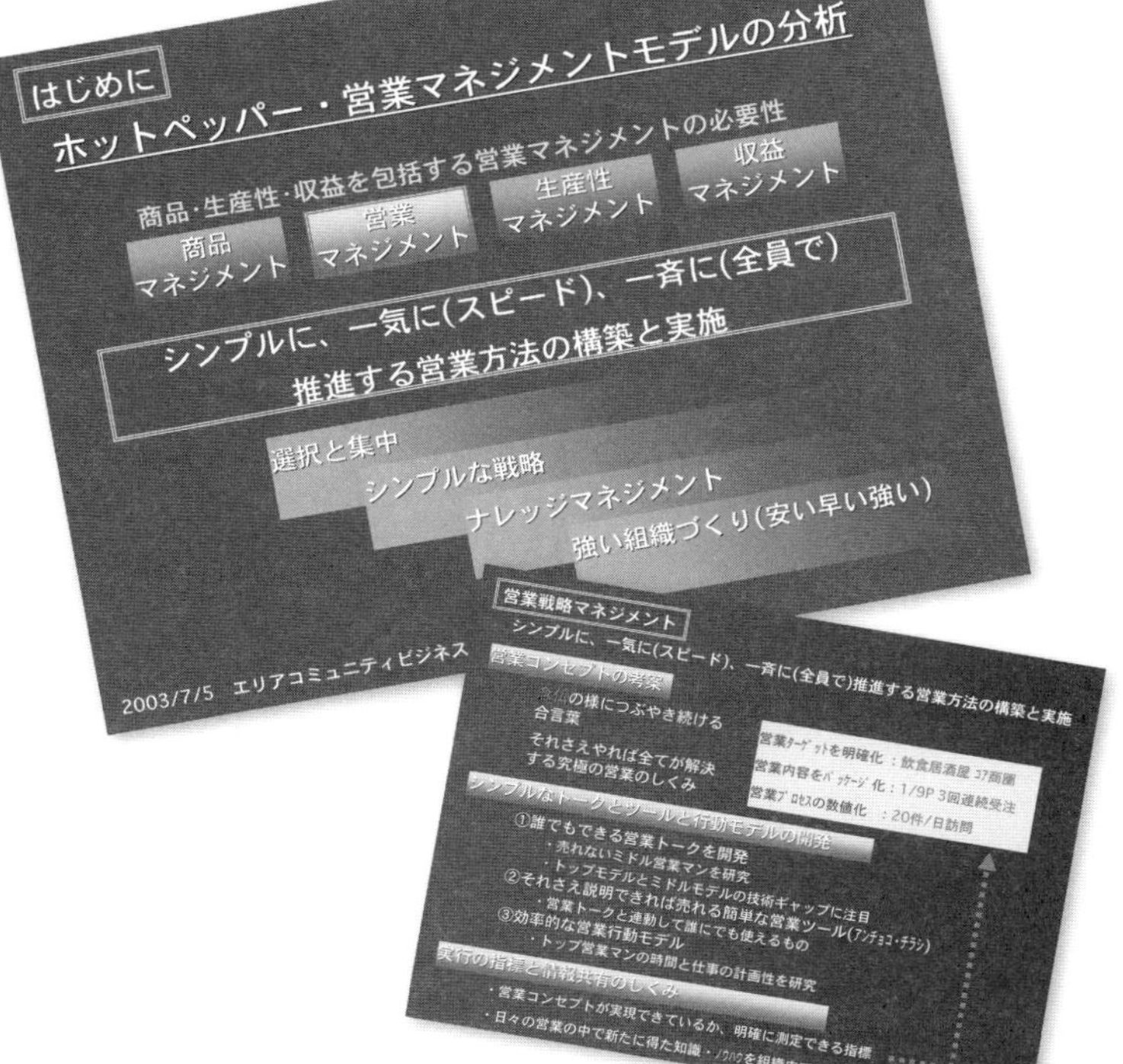
はじめに
ホットペッパー・営業マネジメントモデルの分析
商品・生産性・収益を包括する営業マネジメントの必要性
商品
マネジメント
営業
マネジメント
生産性
マネジメント
収益
マネジメント
シンプルに、一気に(スピード)、一斉に(全員で)
推進する営業方法の構築と実施
選択と集中
シンプルな戦略
ナレッジマネジメント
強い組織づくり(安い早い強い)
2003/7/5 エリアコミュニティビジネス
営業戦略マネジメント
シンプルに、一気に(スピード)、一斉に(全員で)推進する営業方法の構築と実施
営業コンセプトの考案
の様につぶやき続ける
合言葉
それさえやれば全てが解決
する究極の営業のしくみ
営業ﾀｰｹﾞｯﾄを明確化 ：飲食居酒屋 ｺｱ商圏
営業内容をﾊﾟｯｹｰｼﾞ化：1/9P 3回連続受注
営業ﾌﾟﾛｾｽの数値化 ：20件/日訪問
シンプルなトークとツールと行動モデルの開発
①誰でもできる営業トークを開発
・売れないミドル営業マンを研究
・トップモデルとミドルモデルの技術ギャップに注目
②それさえ説明できれば売れる簡単な営業ツール(ｱﾝﾁｮｺ・ﾁﾗｼ)
・営業トークと連動して誰にでも使えるもの
③効率的な営業行動モデル
・トップ営業マンの時間と仕事の計画性を研究
実行の指標と情報共有のしくみ
・営業コンセプトが実現できているか、明確に測定できる指標
・日々の営業の中で新たに得た知識・ﾉｳﾊｳを組織内で共有できる仕組みにする

第8章 マネジメント・リーダーの育成

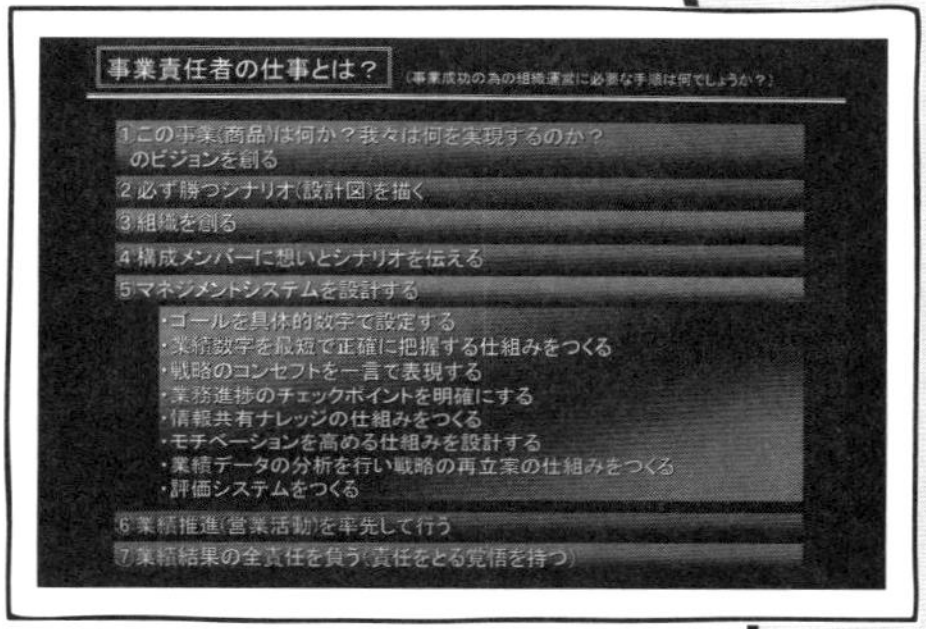
事業責任者の仕事とは？
（事業成功の為の組織運営に必要な手順は何でしょうか？）
1 この事業（商品）は何か？我々は何を実現するのか？のビジョンを創る
2 必ず勝つシナリオ（設計図）を描く
3 組織を創る
4 構成メンバーに想いとシナリオを伝える
5 マネジメントシステムを設計する
・ゴールを具体的数字で設定する
・業績数字を最短で正確に把握する仕組みをつくる
・戦略のコンセプトを一言で表現する
・業務進捗のチェックポイントを明確にする
・情報共有ナレッジの仕組みをつくる
・モチベーションを高める仕組みを設計する
・業績データの分析を行い戦略の再立案の仕組みをつくる
・評価システムをつくる
6 業績推進（営業活動）を率先して行う
7 業績結果の全責任を負う（責任をとる覚悟を持つ）

『ホットペッパー』の成功は
販元長のリーダーシップによって実現された。
彼らは、エキサイティングな
ビジョンや目標を自ら掲げ、
その実現価値を大きなフレームで描き、
メンバーの一人ひとりにとっての価値に置き換え、

わかりやすく伝えた。
そのビジョンや戦略を
物語として語るチカラは、
すべきことをやりたいことで覆い尽くし、
みんなの想いを
「〜ねばならない」から
「〜したい！」へ変えていった。
常に自らが、
率先し、全速力で、前に進み、挑戦した。
彼らは、どうやるかは重要であるが、
なぜやるのかはもっと重要であることを理解し、
働くことの意味やチームのあり方をデザインした。
その人間的な魅力が
ビジョンに心を吹き込み、
ただ、ただ、そこに働く人々の成長のために働き、
次々とミラクルを生んでいった。

それでは、
日本一のグルメ件数、
日本一のチームへの最終ステップに
取り掛かりましょう。

scene 23

組織の風景

２００１年11月27日の版元長会議で「理想の版元営業組織の風景」と題するレジュメが配られた。

そのレジュメには1日の職場の風景がつづられていた。

「朝９時、版元長・ＣＶ・ＭＡ・編スタ・（庶務）が全員そろい朝のミーティングがはじまる。版元長からメンバーへ連絡事項及び課題に対して具体的な指示がくだされる。また、前日の指示にもとづく行動結果がメンバーからフィードバックされる。各論での営業スキル・知識・スタンス・能力の教育が毎日行われ、同時に、そのなかで事業のあり方や営業マンとしてビジネスマンとしての考え方や人としての生き方が語られる。全体営業戦略が版元長から提示され、全員がそれについて議論し、共有されていくなかで、日々の行動と全体図のなかでの自分の部分図が明らかになる。自分の日々の成果がどこにつながっているのかが理解できる。

９時30分にはミーティングは終わり、メンバーは各々の業務にスピードを持って取りかかり、あわただしい喧騒が起こる。10時までには全ＭＳが出社し周囲の緊迫感に引き込まれ業務が一気にはじまる。11時には全員が営業に外に出ていく。

〈中略〉

夕方6時、営業から帰ってくるMSでオフィスはごった返し活気を帯びてくる。どこでどんな受注がありどんな商談ができたのか、原稿をつくりながらまた残務をしながら会話が飛び交う。賞賛しあったり、今後の攻めかたを相談しあったり、版元長は戻ってきたMSに対して各論で個別の商談の状況を自ら問いかけ、状況を把握すると同時に同行アポの決定や次の一手の指示を細かく行う。

オフィスの壁には商談の状況や決めごとの達成度を示したグラフや表が貼り出され、誰がやっているのか、誰がやってないのかが明らかになっている。自然発生的に誰が目指すべき姿かが素直に共有されている。

版元長はその象徴的な最大の理解者であり、けれど叱り飛ばせる怖い存在でもある。会議での事業戦略とはうって変わって、版元長が語るビジョンや夢を酒の席で聞かされるメンバーは迷惑そうだが、なぜか心にひっかかるものが少しずつ積み重なっていく。そして、数年後、同じことを語りはじめる成長したメンバーがそこにいる。

こうしてDNAが受け継がれていく」

版元長が日々のなかで何をやるのか？　どんな職場を創るのかを細々と箇条書きで指示するのではなく、いったいどんな職場をつくりたいのかをイメージとして共有したかった。それは緊迫感とスピードがあり、けれど、人と人とがつながった組織の風景だった。

リーダーとは物語を語る人

リーダーの役割とは、変革し、パッケージ・パターン化し、汎用化し、構造化し、安定化することだ。けれど、その安定化に形式化・形骸化を発見し、また変革することだ。

しかし、変革し続けるのがリーダーの役割だと考えるのは間違っている。本当に大切なのは組織構成員全員の想いを束ねて、「地道にコツコツと日々積み重ねていくこと」を組織文化として根付かせることだ。日々の積み重ねがどこにつながっていくのかをおもしろくわかりやすく納得感のあるように伝えることで、わくわくしたり、ドキドキしたり、キュンとしたり、ジーンとしたり、心から動かし、日々の行動を着実に行い、目的をともに実現する。ただ単に、どうやるかを伝えるだけでなくなぜやるかを伝え、彼らの心をマネジメントすることだ。

それは、物語を語ることになる。リーダーとは物語を語る人だ。その物語は「この事業は何か？　何を実現したいのか？」からはじまって、「実現した時の世の中、この組織、個人の姿」「その実現にむけて、一人ひとりの役割とチームの役割」そして「一人ひとりの仕事とその人の人間的成長」までがシンプルにつながっていく物語を語る。

その物語にはリーダーその人の夢と想いと覚悟と経験とスキル知識と人格が現れていく。

コンセプター・デザイナー・プランナー・マネジャー・プレーヤー

「ナンバー1になる」「金メダルは狙うからとれる」「1日20件飛び込み訪問営業が勝負を決める」「掲載件数で逆転勝利する日がくる」「ナンバー1しか生き残れない」「さあ、次の目標に向かおう」「２つ目の金メダルをとる」「超コアで30%をとり完全勝利する」「全員で勝つことに意味がある」「地道でコツコツと苦しい毎日、人生とはそういうものである」「ちっちゃな目標の積み重ねのもう後一歩は自分との戦いだ」「人と人との関わりのなかであなたは成長する」など、その時々で、その場に集まる人たちにとって大切で必要なことを示し向かうべき方向とその実現への行動を、彼らの納得感を高めながら伝える。

そして、その実現をもって、その役割を完全に遂行する。実現できなければもはやリーダーとして存在できない。だからと言って、物語を語らなかったり、実にちっぽけな物語であれば、その時点でリーダーとして存在していないことになる。

起こったことを上手に説明するのは誰でもできる。けれど、「これから何が起こるか？　何を起こすのか？　どのようにして実現するのか？」を語れるのはリーダーしかいない。

リーダーは管理者であってはならない。管理者とは決められたやり方やルールをただ忠実にチェックする人に過ぎない。自分が画を描くわけでも、自分が率先垂範するわけでもない。

リーダーは目指す方向を指し示し、自らがその方向に立ち向かい、組織全体をその方向へ率いて導く人である。自分が動かないのは論外だ。自分だけ動いて組織が動かないのでは意味がない、組織の一部しか動かず、組織全体が動かなければ価値がない。組織が効率的・効果的に動く、組織がエネルギーを持って動いてこそリーダーの存在が許される。

つまり、リーダーは実現しようとすることや目指す方向とその方法を一言で表現するコンセプトを明示しなければならない。そして、その姿や状態を全員が理解して共有できる具体的な形をデザインしなければならない。そのデザインは目に見えて理解でき、人の心に働きかけるものかどうかを試される。

それでも、不十分で、実現の道筋をつくるためには、より具体的な行動をシンプルな型にしたプランを用意できなければならない。そのプランの正当性こそ成果を出せるかどうかのリーダーの真価が問われる。そして、そのプランの実行を日々マネジメントするのである。

そして、自らがそのプランの最高の行動者であり、自らが実現してみせることで周囲を納得させて巻き込んでいくのである。

コンセプターであり、デザイナーであり、プランナーであり、マネジャーであり、プレーヤーであるとき、その人はリーダーとなる。

この考え方で、『ホットペッパー』ではリーダーを育てるために、2週間に1度のペースで全国版元長会議を行い、リーダーの養成を徹底して行った。遠く遠隔地にあって孤立した組織を預かっても、誰に助けられることなくその組織を動かせる人間になることが目標だった。ひとつのマーケットとひとつの商品とひとつの人組織を任せられ、事業を完成させていけるリーダーが必要だった。リーダーが着々と養成されることが全国への版展開を可能にする唯一の道だった。

この5つの役割をたった一人で果たせるリーダーがどれだけ存在するかが組織の強さとなる。この5つの役割を、専門化したり、階層化して分担しはじめるときこそ、リーダー不在がはじまり、それは組織崩壊のはじまりになる。

scene 24

女に嫌われる男の5つの条件

「戦略も正しい、人間的な魅力もある、覚悟をもって事業に臨んでいる。けれど、メンバーから支持されない。大きく目標を外すこともないけれど、爆発的な業績をあげたり、驚くほどの組織としての凝集力を発揮することもない。彼って何が問題なんでしょうか？　なぜなんでしょうか？」

統括グループで版元長のマネジメント育成に取り組む渡邉吉典は困っていた。

「それは、女性から嫌われるからだよ。『ホットペッパー』みたいに女性が8割を占める組織では致命的になる。言ってる戦略も正しいけど嫌い。人間的にもいい人なんだけど嫌い、事業に取り組む姿勢は尊敬できるんだけど嫌いなんだ」

「それって、どういうことですか」

「男は立場でものごとを考え判断するけど、女性は好きか嫌いかで判断する。嫌われたら何を言っても伝わらないんだよ」

「どうしようもないってことですか？」

「女性に嫌われる男にならないことだよね。女性に嫌われる男の5つの条件がある。それは、『汚い、せこい、弱い、おもしろくない、可愛くない』だよ。汚いは論外だけど、ケチくさい奴はだめだよね、そして、強いDNAを求めている女性は弱い男を遺伝子的に拒否する。おもしろいというのは吉本的なお笑いのおもしろさとワル的なわくわくどきどきの2種類のおもしろさがある。そして、最後の可愛さは女性の母性本能に響く可愛さだよね」

「女性をマネジメントするって難しいですね。ということは訓練ではなく素質になっちゃいます」

「いや、訓練だよ。だって、世の中は男と女が半分ずつだろ、女性をマネジメントできない奴は組織の半分をマネジメントできないことになる。しかも、マーケットの半分を理解できないやつにリーダーは務まらない」

「だから、訓練してでも、女性に嫌われない男にならないとだめなんだ」

仕事を定義する

事業がリーダーの仕事を具体的に定義しているだろうか？　じつは定義できていない。事業は要望する数値は明確にしているが、リーダーが何を仕事とするのかを具体的に定義していない。それは、ゴールは確認しているがやり方は放置しているのに等しい。意外にその仕事は曖昧であるために、事業はやっているはずだと思い込み、リーダーは本来そのリーダーが果たす仕事を他の人に押し付けたり、そもそも、その仕事が自分の仕事であると気づいていないことも少なくない。リーダーの仕事は具体的に定義されて明らかにしなければならない。

『ホットペッパー』では次のように版元長の仕事を定義した。

「版事業戦略の立案→どんな顧客にどんな商品・サービスでどこと競合して何を競争優位性に戦うのか」「マーケティング→どこにどんなお店、街はどんな商圏、誰がキーマンかを知る街の達人になる」「商品設計→どんなメニューで台割構成表を組めば最大売上げ・件数を上げられるのか？」「組織づくり→採用、組織ミッション、目標設定と評価、教育」「営業戦術立案→どこへ？　何を？　どんな武器（ツール）を持って、どのように？」「営業力強化教育→主体性・責任感・参加意欲・営業スキルの高い集団づくり」「営業活動→商品、教育、オペレーション、戦略立案のベースとするために自らがトップ営業マンにな

リーダーに必要な技術

る」「業績管理→どんな指標に集中するのか？　集中させるために何をするのか？」「広報宣伝→影響力のある地域メディアにする」「生産管理→計画生産（受注の平準化と入稿の前倒し）、クオリティコントロール」「流通設計→無駄を排除しつつもっともクライアント効果を出す」「顧客満足把握→完全に把握する」「入金管理→お金の計画（資金繰り）、正しい約束、今日の入金、即解決、早期決着」「版事業計画→自分の財布からお金を出ながら商売をする、事業として早く大きくする」

それは、役割というよりも具体的な業務である。営業マンが営業に専念し、制作マンが制作に専念するようにリーダーが専念する業務を明示することが重要になる。明示することによって必要な能力・資質が明らかになる。リーダー自身が自分の仕事の範囲を理解し、自分自身ができていることとできていないことが明らかになると同時に、視界が広がり、自分自身の能力開発の課題も明らかになる。事業もまたリーダーの教育テーマが明確になる。

事業はリーダーの職務を定義しなければならない。

『ホットペッパー』はすぐれた業績をあげ続けた20代後半の若手を版元長として抜擢し登用した。まだまだ、人や組織を任せるには経験不足だったが、事業の成長が早く、登用して経験させて育てるしかなかった。自分一人で業績をあげるのと組織で業績をあげるのとでは、まったく別の技術が必要だった。確かに、最終的にはその人間的魅力になるが、それ以前に正しい判断を下せるための技術が必要だ。でなければ、「率いる」ことができず自滅したり全員を引き連れて樹海に入り込み、全滅させてしまう。

最初から明確になっていたわけではなく、リーダーを育てることに格闘していくなかでリーダーが身につけなければならない技術を発見していった。

まず第1に、高い志を掲げる技術である。それは無謀な志でもなく、ただ堅実なだけの手堅い目標を申請する技術でもない。なぜなら、実現できなければリーダーとして信頼を失ってしまう、けれど、ちっぽけな目標はメンバーに侮られる。メンバーのストレッチの限界を判断しながら、実現を目指せる見通しをもった高い志である。

第2に事業を設計する技術である。ビジネスプロセスを理解し、全体像のなかで統合性のある戦略を立てる技術である。企画坊やでも営業バカでもなく、事業家として画を描ける技術だ。

第3は組織をつくる技術である。事業の目的を実現するために必要な機能を定義し、その資質を持った人間を配置する技術である。それは個の把握はもちろん個と個の関わりでとらえ組み合わせをつくる技術だ。

第4は、伝える技術である。どれだけ多くの人に、いかに短時間で、同時に、いっせいに、自分の描くシナリオをわかりやすく伝えることができるかだ。この伝える技術がなければ組織力は絶対に生まれない。

第5は、実行する技術である。自分自身が誰よりも早く率先し行動しやってのける技術である。臆面もなく失敗を恐れず、できなくてもまず行動してみせる技術である。

第6は育てる技術である。組織力強化のために個々の人間のチカラを最大化する。スキル、知識、態度、スタンス、そして人間性を高めるために教え、育む技術である。

第7は評価する技術である。メンバーに要望したことを確実に数値化して、評価に反映する技術である。メンバーがその判定に納得感をもち、要望されたことを必ずみていてくれるという信頼を獲得する技術である。

そして、最後に愛される技術である。愛されれば、驚くほどそのメッセージは組織に浸透する。浸透し、ともにあることが可能になる。

決めるチカラ

『ホットペッパー』はリーダーである版元長に対して、「決めろ！　お前が決めろ！」と常に要求した。徹底して自分で決めさせることを行った。もちろん間違って決めれば「いい加減にしろ！　なんでこんな決定をしたんだ！　正しく決めろよ！」と厳しく指摘した。しかし、間違うのが怖くて決めないでおく奴は絶対に許さなかった。

なぜなら、『ホットペッパー』は地理的に分散した組織である。その場の状況を一番知って判断できるのは版元長自身である。どんなに間違ったとしても、判断し決めることから逃げていたら組織は動かない。

組織を率いるリーダー育成の最大のポイントは「決めるチカラ」を付けることだ。決めるチカラを必要とするのはリーダー特有の要件である。

さまざまの面から考え、深く思いを巡らし、解決の複数のプランを巧みにつくり、その各々のメリット・デメリットをじつに論理的に説明する頭脳明晰《めいせき》で優秀な人間がいる。しかし、最後に自分でひとつの答えを出せない人間はリーダーになれない。

自分がすべての責任を負ってひとつの答えを決めるのがリーダーである。なぜなら、決めなければ覚悟も定まらない。リーダーが、覚悟が定まらず迷っているのに、その部下が覚悟が定まるはずがない。迷っている間は何もしていないか、実行していたとしても中途半端になっている。それは組織ぐるみで中途半端になっている。

組織を率いて、個のアウトプットの最大化と個と個を結んで組織としてのアウトプットの最大化をするのがリーダーの役割である。しかるに、リーダーが決められず迷っているため組織全体がさまよって組織力の阻害をするのでは、もはや組織を率いるリーダーではない。だから、決めるチカラが重要なのだ。

企業トップが「うちはリーダーが育っていないので困っている」と発言するケースの場

合、往々にして、そのトップ自身がすべてのことを自分で決めてしまっている。つまり、トップ一人が決めているのだから、他の人は決められない、決めてはいけないのである。だからリーダーが育たない。決めるチカラが訓練されないのだからリーダーが育つわけがない。育ってないのではなく育ててないのである。企業トップ自身がリーダー育成を妨害しているのだ。

しかも、リーダーはそのメンバーからの承認によってリーダーとしての存在を許される。しかし、メンバーから判断を求められた時に、「それは自分では決められないので、上に相談してから回答する」ことが度重なれば、メンバーは、その上司をリーダーとは認めない。哀れで無能な中間管理職と見るだけである。それはリーダー不在の組織となる。リーダー不在の組織はベクトルを失う。

リーダーを育成するとは決めるチカラを付けさせることである。

おわりに――申し訳なく、残念です

縁あって、『ホットペッパー』の立ち上げについて、私がその事実を書く役割をいただきました。より多くの人に読んでもらえるように、単なる物語としてではなく、事業成功の工夫やアイデア、強い組織のつくり方としての体裁でまとめられています。

本の構成上、臨場感やおもしろさを出すために、あたかもすべての中心に自分があったかのごとくまとめられています。実際は一人ひとりが主役となった、事業を変革する数々の実話がありながらも、個人名をあげて紹介することができていません。

申し訳ありません。

しかし、この事業の成功は一人ひとりの想いと、地道な毎日の行動と、それが結ばれて生まれるチームワークによってのみ実現できたのは明らかな事実です。

一人ひとりがその役割をチームの中で果たして実現できた事業です。

その事実に敬意を表して、この事業の立ち上げにかかわったすべての人の名前を紹介したいと考えましたが、個人情報の関係もあり紹介できませんでした。本当に申し訳なく、残念でたまりません。

ここに、創刊からのホットペッパー事業の事実を集大成としてまとめることで、ともに戦った同志であるみなさんに捧げたいと思います。『ホットペッパー』万歳。

また、この本の出版にあたって、ほんの偶然の出会いでありながら、執筆の機会を与えていただき、その時々で編集者として貴重な示唆と指摘をいただいた東洋経済新報社の井坂康志さんに心から感謝いたします。ありがとうございました。

この本について、忌憚のないご意見や感想をいただければ幸いです。以下のメールアドレス宛て（yuji55@df6.so-net.ne.jp）にメッセージをよろしくお願いします。

２００８年４月

平尾勇司

著者紹介

1980年香川大学経済学部卒業．同年㈱リクルート入社．

広告事業部門新大阪営業所所長，広告事業部門神奈川営業部次長，人材総合サービス事業部門港営業部部長，ケイコとマナブ首都圏営業部部長，中四国支社長を歴任．

2001年4月にホットペッパー事業部長に就任し，同誌を4年で全国42版展開，売上げ約300億円，営業利益約100億円の事業に育て上げる．

2003年4月狭域ビジネスディビジョンカンパニー執行役員に就任．「狭域ビジネスモデル」を確立し，『タウンワーク』『タウンズ』『じゃらん』等の地域展開と事業化を一気に実現した．

2006年3月退任．現在は，経営コンサルタントとして，講演，研修，執筆活動を行う．専門分野は新規事業開発，事業成功モデルの開発と運用，事業組織マネジメント等．

連絡先：yuji55@df6.so-net.ne.jp

Hot Pepper ミラクル・ストーリー

2008年6月5日　第1刷発行
2008年7月28日　第4刷発行

著　者　平《ひら》尾《お》勇《ゆう》司《じ》
発行者　柴生田晴四
発行所　〒103-8345 東京都中央区日本橋本石町1-2-1　東洋経済新報社
電話 東洋経済コールセンター 03(5605)7021　振替 00130-5-6518
印刷・製本　東京書籍印刷

Printed in Japan　ISBN 978-4-492-50183-2　http://www.toyokeizai.co.jp/